Friedrich L. Enderlein

Die Reichsstadt Schweinfurt

Während des letzten Jahrzehnts ihrer Reichsunmittelbarkeit mit vergleichenden Blicken auf die Gegenwart aus städt. Quellen. Bürgerthum und Verfassung

Friedrich L. Enderlein

Die Reichsstadt Schweinfurt

Während des letzten Jahrzehnts ihrer Reichsunmittelbarkeit mit vergleichenden Blicken auf die Gegenwart aus städt. Quellen. Bürgerthum und Verfassung

ISBN/EAN: 9783743410909

Hergestellt in Europa, USA, Kanada, Australien, Japan

Cover: Foto ©ninafisch / pixelio.de

Manufactured and distributed by brebook publishing software (www.brebook.com)

Friedrich L. Enderlein

Die Reichsstadt Schweinfurt

Die

Reichsstadt Schweinfurt

während des letzten Jahrzehnts ihrer Reichsunmittelbarkeit
mit vergleichenden Blicken auf die Gegenwart.

I.

Bürgerthum und Verfassung

aus städtischen Quellen dargelegt

von

Dr. Friedrich Leonhard Enderlein,
k. Gymnasialprofessor.

Mit einer Karte.

Schweinfurt,
G. J. Giegler.
1862.

Den beredten Vertretern

des

Lehrstandes an den bayerischen Mittelschulen,

Herrn Oberbibliothekar Dr. Ruland

in

Würzburg

und

Herrn Rechtsanwalt Dr. Völk

in

Friedberg.

Vorwort.

„Wenn viel Wässerlein rinnen zusammen, so gibts einen Fluß, indeß eins ohne das andre vertrocknen muß." So mögen denn diese Blätter als ein solches Bächlein rinnen zu der Strömung historischer Thätigkeit, die gegenwärtig auch unser bayerisches Vaterland durchzieht*). Es bedarf wohl keiner Entschuldigung, wenn die Erinnerung an die letzten Jahre der Reichsstadt Schweinfurt, die im jetzt lebenden Geschlechte bereits verblaßt ist, wieder aufgefrischt wird, wenn die letzten schwächlichen Zuckungen dieser Reichsfreiheit beschrieben werden, obwohl es immer ein wehmüthiges Gefühl ist, hippocratische Züge zu zeichnen und für manchen Leser schon am Namen einer kleinen Reichsstadt der Nebenbegriff des Spießbürgerlichen, mit Recht schlafen gegangenen klebt. Da die älteren Archive der Stadt im Markgrafenkriege 1554 verbrannten und aus den rauchenden Trümmern durch unbekannte patriotische Hand nur Erwerbsurkunden für verschiedene Besitzstücke und Stiftungen gerettet wurden, die dann durch Consulent Stepf 1803 geordnet und in 206 Nummern ins Reichsarchiv nach München abgegeben werden mußten, die später

---

*) Quellen und Erörterungen zur bayerischen und deutschen Geschichte. Herausgegeben auf Befehl und Kosten Sr. Majestät des Königs Maximilian II. Münch. 1856 ff. (bis 1861. 3 Bde.)

sich ansammelnden Archivalien aber zu jener Zeit unter Auspicien desselben Herrn Stepf (vgl. § 55) als Makulatur verkauft wurden, so läßt sich die **ältere Geschichte Schweinfurts** fast nur aus abgeleiteten Quellen wieder herstellen. Das ist nun fleißig geschehen in mehreren geschriebenen Chroniken, die sich noch hier in Privatbesitz befinden. Die vollständigste ist wohl die in der Magistratsbibliothek befindliche: Schweinfurthische Chronica etc., mit vielem Fleiß zusammengetragen von Georg Pankratius Raßdörffer, 2 Bde. 760 S. Fol. mit vielen eingehefteten gedruckten Beilagen und Kupferstichen. Raßdörffer starb 1781 als städtischer Möblermeister *); die Arbeit, die bis ins J. 1795 reicht, kann er aber nur bis 1768 fortgeführt haben, denn dort (p. 682) beginnt eine ganz andere Handschrift, dieselbe, die sich in der weiter unten zu erwähnenden Chronik (Schweinfurt 1796—1801) wieder findet. Alle mir weiter zu Handen gekommenen Chronisten schöpfen aus Raßdörffer oft viele Bogen wörtlich, nur da und dort Zusätze von untergeordneter Bedeutung spendend. Auf alle diese basiren die gedruckten Stadtchroniken von **Mühlich-Hahn****) und **Beck*****). In specieller Richtung ist erwähnenswerth Joh. Mich. Sixt †). Allein Beck hat sehr ungleich gearbeitet, und besonders eine für Schweinfurt hochwichtige, eine ganz neue Aera bringende Zeit 1789—1806 ist wohl aus Mangel an Hilfsquellen ganz dürftig ausgefallen.

Ueberdieß lassen Mühlich, Hahn und Beck gerade das Wichtigste für die hiesige Stadtgeschichte völlig unberührt, nämlich die städtische **Verfassung**. Nach außen hin mußte eine kleine Reichsstadt immer eine passive Rolle spielen; aber

---

*) S. § 48.
**) Chronik d. St. Schweinf., v. Mühlich u. Hahn. Schweinf. 1817 — 1819; 3 Bde. 624 S. 4. Stadtgeschichte von 790 bis 1647 enth.
***) Chronik d. St. Schweinf. v. Beck. Schweinf. 1836—41, 5 Hefte. 4. Nachträge zu Hahn enth. u. Fortsetzung bis 1806.
†) Sixt, Reformationsgesch. v. Schweinf. Schw. 1794. 8.

innerlich pulsirte längere Zeit ein reges Leben, das in seiner Geschichte selbst blutige Revolutionen und Reactionen aufzuweisen hat (Mühlich p. 94 ff. und 123 ff.). Eine Darstellung der Entwicklung der Verfassung wäre nun sicher ein dankenswerther Beitrag zur Geschichte des deutschen Städtewesens. Allein ein Buch der Art ist zur Unmöglichkeit geworden durch die oben schon erwähnte doppelte Verwüstung und Verschleuderung der nöthigen Archivalien. Schon J. J. Moser in seinem deutschen Staatsrecht (Bd. 20) gesteht: „Von Schweinfurt kann ich nichts sagen;" gleichwohl konnte mehr gegeben werden. Schätzbare Notizen hätte ein Büchlein des Archidiakonus J. K. Bundschuh *) geboten. Doch läßt auch dieses manche Frage ungelöst. Beck, Mühlich und Hahn sprechen vom Reichsvogt, von Serviris, von Scabinen und Consulenten, von Achterherrn, von Wachherrn, von Provisorern, von der Beb und von der Daz als von allbekannten Dingen, gerade wie die alten Chronisten selber, ohne alle und jede Erläuterung dieser Titel, Verrichtungen und Leistungen, die bei Raßdörffer vor 80 Jahren auch gar nicht vermißt wurde. Die wenigen Achtziger aber, die noch übrig sind, und welche das Ende der Reichsverfassung noch als jüngere Männer erlebt haben, schloß damals gewerblicher oder mercantilischer Beruf von der Kenntniß des hiesigen Verfassungsrechtes und vom Interesse für dasselbe aus. Selbst die Leiden, die im letzten Jahrzehnt des vorigen Jahrhunderts der Krieg über die Stadt gebracht hat, sind bei dem größten Theil der Jetzlebenden vergessen. Der einzige Mann, der in den letzten 20 Jahren über die Verhältnisse der Reichsstadt Schweinfurt in ihrem letzten Stadium technischen Bericht aus Erfahrung erstatten konnte, der pensionirte Stadtgerichtsrath Sirt, bereits 1803 reichsstädtischer Senator und bis in sein hohes Alter im Besitz eines trefflichen Gedächtnisses und

---

*) Bundschuh, Beschreib. d. Reichsstadt Schweinf., ein histor., topogr. statist. Versuch. Ulm 1802. 64 S. 8.

ungeschwächter Urtheilskraft, ist entschlafen, ohne daß Jemand seine Kenntniß jener Verhältnisse durch Schrift fixirt hätte.

Zu guter Stunde hat also der dermalige Bürgermeister Herr Schultes in der seit lange unbenützten Rathsbibliothek aufgefunden:

I. Stadtchronik vom Jahr 1796—1801, 501 S. (dazu eine Niederwerner Pfarrchronik 35 S.) Fol., sorgfältige Handschrift, dieselbe, welche auch die zwei letzten Jahrzehnte der Raßdörfferischen Chronik ergänzte. Der Verfasser war jedenfalls ein classisch gebildeter Gelehrter. Seine Darstellung, etwas breit und da und dort salbungsvoll, durchwebt er sehr häufig mit Stellen aus Virgil, Ovid, Tacitus, Plautus, Homer. Des Französischen ist er wohl kundig. Ein Mann, der die damaligen Personalitäten kennen kann, mochte den Oberpfarrer Joh. Peter Voit als Verfasser annehmen. Doch finde ich, daß derselbe einmal als der Herr Oberpfarrer erwähnt wird.

II. Bericht des churbaierischen Hofgerichtsraths Molitor an die churbaierische Landesdirection zu Würzburg, Verwaltung und Vermögensverhältnisse der bisherigen Reichsstadt Schweinfurt betr., d. d. Schweinfurt 5. Jan. 1803. In Folge des Reichsdeputationshauptschlusses vom 5. Febr. 1803 waren auch die Bisthümer Würzburg und Bamberg samt der dazwischen liegenden Stadt Schweinfurt an Kurbaiern übergegangen. Die Besitzergreifung war schon am 4. Dec. 1802 faktisch durch Militär erfolgt, an welches sich sofort die Civilautoritäten anschlossen. Genannter Molitor sollte nun Bericht erstatten über Territorialverhältnisse, Stadtverfassung und Communalvermögen der für München damals so ferne liegenden fränkischen Reichsstadt. Seinem Berichte (197 S. Fol.) liegen noch zahlreiche Belege (167 S. Fol.) bei. Doch genügte er noch nicht, sondern die Landesdirection forderte noch Beantwortung einer Menge theilweise fast lächerlicher Fragen, die an die freilich ein Menschenalter späteren Fragen eines königlichen Ministeriums erinnern, welches wissen wollte, wie viele Tauben, Hühner,

Gänse, Chaisen und Pferde in jedem Dorfe sich befinden *).
So liegt also auch

III. der Rathsbericht an die Landesdirection vor (Mai 1803) mit einem Fascikel von 39 Beilagen. — Molitor requirirte bei dieser Gelegenheit noch

IV. ein Verzeichniß der oben bereits erwähnten Erwerbsurkunden. Endlich finden sich noch

V. die Rathssitzungsprotocolle vom J. 1555 an vollständig vor. Besonders sind die zu Ende des vorigen und zu Anfang dieses Jahrhunderts vom Rathsactuarius Merck geführten trefflich verfaßt.

Durch diese Hülfsmittel ermöglicht sich nun eine annähernd befriedigende Lösung der Frage:

Welches war die Verfassungsform der Reichsstadt Schweinfurt in der letzten Zeit der städtischen Souveränetät?

Dieser Frage gelten zunächst die nachfolgenden Bogen. Später soll ihnen eine Geschichte des letzten Jahrzehnts der Reichsstadt folgen auf den Grund der (I.) erwähnten Stadtchronik und unter Beizlehung der Rathsprotocolle.

Molitor, geborner Bamberger, später baierischer Appellationsgerichtspräsident, setzt bei seiner vorgesetzten Stelle gar keine Kenntniß des fränkischen, reichsstädtischen Wesens voraus, hat demnach auch für den größten Theil des jetzt lebenden Geschlechtes geschrieben. Für letzteres ist Molitor's Darstellung auch politisch lehrreich. Es ist in allen Verhältnissen bald lächerlich, bald ärgerlich, wenn der Ungelehrte sich gewöhnt, mit ausländischen Wörtern zu flunkern, deren eigentliche Bedeutung ihm nicht bekannt sein kann, deren Begriff er sich aber nach seinem eigenen Kopfe, oder nach seines Herzens Gelüsten gestaltet. Was dachten wohl 1848 die meisten Wortführer, dann die Followers und Trumpeters und Drummers unter Demokratie? oder unter Aristokratie? Sie

---

*) „Geisen", berichtete ein Ortsvorsteher an's Landgericht, „haben wir sieben, Pferde gibts hier nicht."

würden vielleicht sich wundern, wenn sie hörten, daß die Verfassung von Schweinfurt zwar nicht Ochlokratie (Pöbelherrschaft, wie sie 1848 da und dort angestrebt oder geübt wurde), aber doch Demokratie vom reinsten Wasser war. Geburtsvorrechte waren, selbst bis zum unbilligen Gegensatze (§ 4 u. 11), völlig ausgeschlossen. Jeder Bürger, der die nöthige Bildung hatte, konnte ohne Rücksicht auf Vermögen Mitglied des Rathes, also der souveränen Regierung, werden, wenn ihn die Stimme der Vertrauensmänner dazu berief. Auch Wohlmeinende wenden in oft nicht unbegründeter Verstimmung über die Gegenwart den Blick zurück in die „schönen Zeiten der Einheit des deutschen Reiches", wo eine patriarchalische Souveränetät kleiner Fürsten das Bürgerglück förderte, wo frei gewählte Väter der Stadt, keiner Bestätigung bedürfend, nicht in ihrer Amtsführung bevormundet, das Selfgovernment in vollem Maaße übten und der Bürger in frommem Glauben und einfacher Sitte den Geist der Opferwilligkeit und Unterordnung unter das Gesetz und dessen Wächter besaß. Aber der Geschichtskundige weiß, daß das Licht französischer und englischer Aufklärung nur die Höhen unserer Nation beschien oder blendete, aber das geistige Philisterthum der größeren Masse des Volks nicht traf, so wie auch der Einfluß der Glanzperiode deutscher Literatur auf Sprache und Denkweise nur sehr langsam wirkte (cf. § 17 und § 52). Und die patriarchalischen Väter der Stadt? Nicht ohne Verwunderung wird man in den nachfolgenden Blättern lesen, wie alle ihre Vaterlandsliebe in Eigennutz aufgeht; vom gestrengen Bürgermeister bis zum Botenmeister halten die Meisten ihr Aemtlein für eine melkende Kuh, fingern die Meisten mit pechigen Händen in den Taschen der Kämmerei und im oft wiederkehrenden Drang der Noth ist diese bettelarm. Die reichen Mittel der Stadt sinken zu einem Nichts herab durch eine demokratische Administration, die nur die Säckel der Amtsträger füllt, so daß der redliche Senator Sirt seine vor mir liegende historisch topographische Schilderung von Schweinfurt 1803 mit den Worten schließen konnte: „Fast 700 Jahre „hat die Reichsfreiheit Schweinfurts gebauert. Dabei blieb

„der Bürgersmann unbemittelt und unfrei. Man weidet' sich
„jetzt gerne an dem Ausblick auf eine bessere Zukunft, in der
„unter der weisen und gerechten Regierung Max Josephs
„die Monarchie durch eine Municipalverfassung der Stadt
„wirkliche Freiheit bringen werde."

Die Hoffnungen Sirt's sind in reichem Maaße in Erfüllung gegangen. Die Einwohnerzahl hat sich seitdem von 5000 auf 8400 vermehrt. Die Einkünfte sind von 29000 auf 96000 fl. gestiegen. Als Sirt schrieb, war hier schwunghafter Kramhandel, aber nur Eine Großhandlung von mäßiger Bedeutung und Eine Fabrik; das jetzige Schweinfurt hat guten Klang nicht blos in der Handelswelt deutscher Zunge. Und der Durchgang aus jener Zeit in die Neuzeit führte dabei durch 12 blutige Kriegsjahre und verlangte enorme Opfer, neben denen die gewohnten Hülfsquellen versiegten. Man hat zu allen Zeiten über das Verderben der jedesmaligen Gegenwart geklagt. Auch die Jetztzeit hat hier wie anderwärts ihre sittlichen Schäden und ihre Schande, aber nicht in höherem Maaße, als die gerühmte gute alte Zeit. Selbst da, wo statistische Zahlen schreiend zum Nachtheil der Gegenwart sprechen, liegt zwar nicht eine Rechtfertigung, doch eine Erklärung in völlig veränderten Bevölkerungsverhältnissen und Ansäßigmachungsgesetzen. Die oft barbarischen, oft lächerlichen Strafen gegen Unsittlichkeit haben den geängsteten Sünder noch häufiger als jetzt zum Verbrechen getrieben, das der noch in der Kindheit befindlichen Polizei verborgen blieb. So mögen denn auch die nachfolgenden Blätter ihr Licht leuchten lassen auf die Träume von republikanischer Freiheit und von des früheren deutschen Reiches Herrlichkeit; es mögen Alle, welche ohne wirkliche historische Kenntnisse im guten Glauben auf die Mittheilungen der seligen Großmutter hin von der guten alten Zeit sprechen, durch Vergleichung erfahren, daß erst unter der Monarchie durch erweiterten Verkehr die reiche Productivität des Bodens wahrhaft nutzbar gemacht, dem Gewerbe, dem Handel und der Industrie ein nie dagewesener Aufschwung bereitet, die persönliche Freiheit gegen oft launenhafte Willkür kleiner Despoten sicher gestellt und die günstigste Entfaltung der Rechtspflege angebahnt wurde. Noch existirt zwar nicht ein einziges wahrhaft christliches Dorf auf dem Erdenrund (Actor. II, 42—47), doch ist das christlich sittliche Urtheil feiner als je und wagt sich laut selbst an Throne, wenn es dieselben von öffentlicher Unsittlichkeit befleckt sieht. Pompadour und Du Barry sind fast so unmöglich, als Schutzverwandte der Reichsstadt Schweinfurt (§ 4 z. E.). Mag also immerhin ein Friedr. v. Genz klagen über den Untergang aller geistlichen Fürsten, über die Umwälzung der Reichsverfassung, über den Verlust der Reichsunmittelbarkeit der deutschen Städte: Der massenhafte Bau war längst innerlich wurmstichig, es bedurfte kaum der Faust des Riesen der Revolution, um ihn zu stürzen; und von Allen, die jetzt in redlicher Absicht eine Einigung des deutschen Reiches nach außen wünschen und erstreben, hat wohl keiner eine Wiedergeburt dieser Genzischen Mumien im Sinne. Was der Todtenrichter für todt erkannt hat, ist und bleibt beerdigt. „For time will away!"

Inhalt.

		Seite
Vorwort.		
§ 1.	Zur Topographie und Statistik der Stadt	1
§ 2.	Das Stadtgebiet	3
§ 3.	Einwohner	4
§ 4.	Gesetzliche Eintheilung derselben	5
§ 5.	Lebensweise der Einwohner	8
§ 6.	Handel	9
§ 7.	Münzen, Maaße, Gewicht	13
§ 8.	Fabriken	14
§ 9.	Gewerbe	15
§ 10.	Bierbrauerei	15
§ 11.	Stadtverfassung im Allgemeinen	16
§ 12.	Verhältniß der Reichsstadt zum deutschen Reiche	17
§ 13.	Der Reichsvogt	19
§ 14.	Der Stadtrath	20
§ 15.	Die Rathswahl	22
§ 16.	Function des Raths im Allgemeinen	25
§ 17.	Gesetzgebung	26
§ 18.	Von Procuratoren und Advocaten	28
§ 19.	Justiz und Polizeijustiz. Formelles	29
§ 20.	Materielles	33
§ 21.	Präventiv-Polizei	38
§ 22.	Finanzwesen im Allgemeinen	41
§ 23.	Die einzelnen Aemter. Das Bedamt	42
§ 24.	Das Steueramt	44

	Seite
§ 25. Das Umgelbamt	45
§ 26. Das Datzamt	46
§ 27. Das Bußamt	47
§ 28. Das Fleischacciseamt	48
§ 29. Das Zollamt	49
§ 30. Das Salzamt	50
§ 31. Das Bretteramt	51
§ 32. Das Schutzamt	51
§ 33. Das Forst-, Jagd- und Fischamt	52
§ 34. Das Dorfvorsteheramt	55
§ 35. Das Nachsteueramt	57
§ 36. Das Handwerksgefällamt	57
§ 37. Das Apothekeramt	58
§ 38. Das Zinsamt	59
§ 39. Das Grundzinsamt	60
§ 40. Das Weinamt	61
§ 41. Das Zehntbestandamt	61
§ 42. Das Mühlen- und Getreideamt	62
§ 43. Das Bauamt	64
§ 44. Das Restantenamt	66
§ 45. Die Obereinnahme	66
§ 46. Sonst und jetzt	67
§ 47. Sonstige Aemter	70
§ 48. Gemeiner Stadt Bediente außer Raths	73
§ 49. Die Solbatesca	75
§ 50. Besoldungen der Rathsherren und Officianten	77
§ 51. Vom Kirchenwesen	78
§ 52. Vom Unterrichtswesen	82
§ 53. Wissenschaft und Kunst	87
§ 54. Armenanstalten im Allgemeinen	90
§ 55. Milde Stiftungen	90
§ 56. Molitor's Gutachten	98
§ 57. Schluß	103

Erklärung der Abkürzungen.

R.	Raßdörffer's handschriftliche Chronik.
MH.	Mühlich-Hahn'sche gedruckte Chronik.
Bck.	Beck's gedruckte Chronik.
SR.	Sixt's Reformationsgeschichte von Schweinfurt.
SHT.	Sixt's histor. topogr. Beschrbg. d. Kurpfalzb. Municipalstadt Schweinf., 1803, 366 S. fol. Handschrift der Magistratsbibliothek.
Bdsch.	Bundschuh's Beschreibung ec.
Mr.	Molitor's Bericht an die Landesdirection.
MrB.	Beilagen zu Molitor's Bericht.
Rb.	Rathsbericht an die Landesdirection.
RbB.	Beilagen zum Rathsbericht.
PV.	Polizeiverordnungssammlung vom J. 1780.
RP.	Rathsprotocolle.
EU.	Register der Erwerbsurkunden.

§ 1. Zur Topographie und Statistik der Stadt.

Da wo in Unterfranken die letzte westliche Höhe der Hasberge unter dem Namen Mainleite gegen diesen Fluß abfällt, etwa eine Viertelstunde von der Westspitze dieser Höhe, Peterstirne genannt, liegt seit Mitte des 13. Jahrhunderts am sanft aufsteigenden rechten Mainufer Schweinfurt, gesichert gegen alle Ueberschwemmungen des Flusses, der beim Steigen über die am linken Ufer auf mehrere Quadratmeilen hin sich ausdehnende tiefer liegende Fläche sich ausbreiten kann. Homanns Karte setzt Schweinfurt auf 50° 10′ NB. und 27° 29′ L.; die neueste Generalquartiermeisterstabskarte bestimmt die Breite zu 50° 1′, die Länge zu 27° 49′; die Erhebung des Mainspiegels über die Meeresfläche beträgt nach Lamont (Annalen d. Münch. Sternw. Bd. 3) 622 F., womit die Messungen der Eisenbahningenieure nahe zusammentreffen, welche die Bahnhofplanie auf 629 F. ansetzen (Nürnberg 899, Bamberg 718, Würzburg 539). — Die Stadt einschließlich ihrer Mauern und Gräben bedeckt ein Areal von 461 Morgen (à 160 Quadratruthen); die jetzige Befestigung derselben wurde angefangen zur Zeit der Anwesenheit Gustav Adolfs und später nach Vaubans Manier vollendet. Wappen schwedischer Generale und der Königin Christine an Thoren und Mauern zeugen noch von der schwedischen Occupation. — Schon 1254 weiß die fränkische Geschichte von einem Schweinfurt im Elend und das neue Schweinfurt, nach seiner Zerstörung an die jetzige Stelle verlegt, wurde auch später von der Krie=

gesgeißel heimgesucht wie wenige Städte. Im Markgrafen=
kriege (1554, MH. p. 189—250) wurden 676 Häuser, dar=
unter das Rathhaus, das Waisenhaus, alle Kirchen, in Asche
gelegt; nur 29 Häuser blieben stehen. Die Familienzahl sank
von 766 auf 155. Der Wiederaufbau schritt rasch vor, aber,
wie zu erwarten, unsolid; das dünne Fachwerk der meisten
Häuser, die noch immer zahlreichen mit Brettern verschalten
Rückseiten der Giebel erklären sich daraus; achtzig Jahre spä=
ter konnte die Stadt abermals für Kriegsaufwand an das
schwedische und kaiserliche Militär dem Reichstage zu Regens=
burg 928289 fl. fr. (also über 1100000 fl .rhl.) liquidiren, wofür
aber natürlich kein Ersatz geleistet wurde. Auch der Reichs=
krieg gegen Frankreich, der spanische Successionskrieg, der
siebenjährige Krieg hatten für Schweinfurt erhöhte Reichssteuern
und kostspielige Durchmärsche zur Folge. Tief einschneidend
war die französische Occupation vom J. 1796. Die Stadt=
kasse allein liquidirte der Reichsversammlung 445644 fl. Ueber=
dieß war durch eilfmonatliche Anwesenheit des Feindes, durch
Mißhandlungen aller Art*) der Wohlstand einzelner Familien
vernichtet. Unter solchen Umständen erscheint es erklärlich,
wenn man bei einer Wanderung durch die Stadt, in der auch
nie ein Hof, oder ein Adel, oder ein Kaufherrnstand war,
nirgends auf Gebäude stößt, die durch alterthümlichen oder
geschmackvollen Stil oder durch Größe sich bemerklich machen,
und der Anblick der Stadt Schweinfurt hält den Vergleich
mit anderen Reichsstädten mittleren Rangs, z. B. mit dem
thürmereichen Rothenburg nicht aus. Die Häuserzahl be=
trug nach Bundschuh (1802) 879 ohne Hinterhäuser und
Scheuern. Sixt zählt ein Jahr später 924 Wohnhäuser,
36 Scheuern und viele Nebengebäude, „nur das Erdgeschoß
„massiv**), meist nur Ein Stock, selten zwei von dünnem

---

*) Graf Soden, d. Franzosen in Franken 1796. Nürnb. 1797. 8. —
Muck, Pf. in Euerbach (später Dekan in Rothenburg), die Neu=
franken in Altfranken 1796; o. O. 1797. 8.

**) Man beobachtete 1660 die Einlegung des Erdgeschoßes an einem
solchen Hause. Die Wand war 10 Zoll dickes Brockwerk ohne
allen Grund auf die ebene Erde gelegt; darauf saß ein Stockwerk
und ein ziemlich hohes Giebeldach.

„Fachwerk darauf gebaut, die Straßen sind meistens gepfla=
„stert und Fremde loben die seltene Reinlichkeit." So Sixt.
Doch liegt vom 5. April 1805 ein Erlaß des bayerischen Stadt=
kommissärs Holler vor mir, in dem dieser Einschreitung droht
gegen offene Dungstätten vor den Häusern, gegen die in die
Gosse geleitete Düngerjauche und besonders gegen die leidige
Gewohnheit, den Dünger zu jeder Tagsstunde in nicht boden=
dichten Wagen aus der Stadt zu fahren, ferner gegen die
über das Straßenpflaster sich erhebenden halsbrechenden Kel=
lerfallthüren (das Fangen einer Nachtigall bedroht H. mit
20 Rthlr. Pön!). Straßenbeleuchtung fehlte noch ganz, und
von Zeit zu Zeit erneuerte der Rath das Gebot, daß jeder
Wirth bis Mitternacht eine brennende Laterne vor sein Haus
hängen, jeder anständige Straßenwanderer bei einbrechendem
Dunkel mit einer Handlaterne versehen sein müsse. Dreißig
Ziehbrunnen (!) und vier laufende Brunnen versahen die
Stadt hinreichend mit Wasser.

§ 2. Das Stadtgebiet.

Das reichsstädtische Gebiet betrug etwas über 1 Qua=
dratmeile*), wovon zum Weichbilde der Stadt selbst 5921
Morgen gehörten. Davon waren 72 M. zu Gartenland,
3215 M. zu Ackerfeld, 1166 M. zum Weinbau verwendet,
1468 M. bedeckten Wiesen, der Rest war Oedung, Wasser=
fläche, Raine. Seitdem sind viele Weinberge in Ackerfeld ver=
wandelt worden; viel Gartenland wurde zum Bahnhofraum
und weiterhin zum Bahnkörper abgetreten; vieles decken zahl=
reiche Neubauten. — Zum Gebiet der Stadt gehörte das
stattlich gebaute Oberndorf und dessen reiche Getraidflur, fer=
ner die Walddörfer Zell und Weipoldshausen und Madenhau=
sen mit ihren Markungen. Die gesammten Waldungen des
Stadtgebietes, meist Laubholz deckten 6290 Morgen, wovon
5451 der Stadt, 444 M. der Spitalstiftung und der Rest
Dorfgemeinden und Privaten gehörte. Ueber die forstwirth=
schaftliche und waidmännische Ausnützung s. § 32. Während

---

*) S. die beigegebene Karte.

Schweinfurt durch den Uebergang an Bayern die Landes=
hoheiterechte über die Dörfer verlor, hat es (vgl. § 56 a. E.)
seinen Waldbesitz behalten. Drückende Noth wurde schon 1801
Veranlassung zu dankenswerther Verschönerung der nächsten
Umgebung. Die große Stadtschuld und die wiederholte Er=
fahrung von der Nutzlosigkeit der Bevestigung veranlaßte da=
mals den Rath, den Stadtgraben und einige Schanzen zu
Gartenanlagen zu verkaufen, zwischen denen man sich ange=
nehme Spaziergänge versprach, um so erwünschter, als Spa=
ziergänge in der Stadtnähe noch jetzt in heißer Jahreszeit
nicht eben erquickend sind bei dem völligen Mangel an Schat=
tenwegen. Ausgiebigere Veränderung durch Abtragung der
Wälle und Ausfüllung des Stadtgrabens hat man der großen
Kosten wegen hier wie anderorts unterlassen.

§ 3. Einwohner.

Bundschuh errechnet 6241, klagt aber über reichsstädtische
Geheimnißthuerei in solchen Dingen; Sixt gibt 5372*) an,
worunter 1275 Bürger, 67 Schutzverwandte, 26 Beisassen;
unter den Bürgern 763 Handwerker, 54 Bauern, 83 Han=
delsleute. Mit Sixt stimmt nahe die für Molitor vom Bür=
gerrath amtlich gefertigte Liste, welche 5063 Seelen zählte.
Dem Rathe lag an Vermehrung der Population. Wer Vater
von Zwillingen wurde, erhob eine Prämie von 4 fl. Sixts
Classification der Bürger nach Erwerbsarten tritt noch jetzt
hervor und ist diese Mischung als eine besonders glückliche zu
bezeichnen. Aus den Handelsleuten ist seitdem ein Gremium
weithin geachteter Handelsherrn geworden. Daneben entstan=
den Fabriken, doch nicht in solcher Zahl, daß sie bereits ein
der Commune drohendes Massenproletariat im Gefolge hätten.
Der Handwerksstand hat besonders auch durch die Bedürfnisse
einer wohlhabenden Bauernnachbarschaft noch immer für Viele
einen goldenen Boden. Auf den nicht unbeträchtlichen Flur=
besitz gründete sich ein in der Stadt meist in einem besonde=
ren Viertel wohnender, 1803 noch 37 (1860 60) Familien=

---

*) Im J. 1858 ergab die Volkszählung eine Seelenzahl von 8421.

häupter zählender corporativ geschlossener Bauernstand *).
Die Weinberge ernährten 1795 103, 1803 noch 78 (jetzt 1860
wieder 90) Häckerfamilien, die theils ihr kleines Eigengut
bauen, theils den Besitz ihrer Mitbürger um Lohn bearbeiten.
Hart ist durch die Zeitverhältnisse die nur viel zu zahlreiche
Schiffer = und Fischerzunft betroffen, der die Concurrenz mit
der Eisenbahn, wenn nicht unmöglich, doch sehr schwer wird.

§ 4. Gesetzliche Eintheilung derselben.

Scharf schieden sich nach städtischer Ordnung die Ein=
wohner in Bürger, Beisassen und Schutzverwandte. Das
Vollbürgerrecht ertheilte der Magistrat, aber jeder 24jäh=
rige Bürgerssohn, der nachwies, daß er zunftmäßig eine Pro=
fession erlernt habe oder sonst etwas, wodurch er sich zu er=
nähren getraue, hatte rechtlichen Anspruch darauf (PV. p. 193
u. 194). Auf Menschengedenken zurück war eine Abweisung
nie vorgekommen. Aufnahmsgebühr zahlte der Neubürger
29 Batzen (= 2 fl. 25 kr. rhl.), wofür er auch einen ledernen
Feuereimer und ein Exemplar der Polizeiverordnungen erhielt.
Ein Fremder entrichtete 100 fl. fr. Einzugsgeld, 3 fl. 23 Batzen
Aufnahmsgebühr und mußte 500 fl. fr. (= 625 fl. rhl.) baares
Vermögen nachweisen. Ein fremdes Frauenzimmer, das in
die Stadt heirathete, zahlte 50 fl. fr. Einzug und 1 fl. 2 Batzen
Gebühr; war sie aus den Dörfern des Stadtgebietes, so reich=
ten 20 fl. Einzug **). Unerläßliche Bedingungen war für alle
Fälle das Lutherische Glaubensbekenntniß. Das

---

*) Den Grundstock dazu soll die Hilpersdorfer Gemeinde gegeben ha=
ben, die nach Zerstörung ihres Dorfes (cf. § 8) hierher ein=
wanderte.

**) Jetzt (1860) zahlen hier heimathsberechtigte Mannspersonen, ob
Bürgerstöchter oder Fremde heirathend, 24 — 48 Kr. zum
Armenfond, 1½ — 5 fl. zum Beleuchtungsfond, 1 fl. 12 kr. für
den Feuereimer, 7 — 18 fl. (je nach größerem oder geringerem
Vermögen u. mehr oder weniger umfangreicher Instruction) für
Protocolltaxen u. Stempel. Auswärtige zahlen neben diesen Taxen
58 — 60 fl.

Vollbürgerrecht befähigte zur Ausübung eines Gewerbes, zu ehrlicher Verheirathung und im Fall der Verarmung zum Auflesen des Brechholzes und der Waldbaumfrüchte im städtischen Forst und zum Genuß der Wohlthätigkeitsstiftungen. Als Beisassen konnten Adelige in den Stadtverband eintreten. Bürgerrechte konnten diese nicht erhalten, auch Grundbesitz durften sie auf dem Stadtgebiet nicht erwerben und einer Schenkung an einen Adeligen wurde die Rathsgenehmigung versagt (Bck II, 2. p. 7). Mit solcher Aengstlichkeit wachte der Rath über die demokratische Gleichheit und Unabhängigkeit der Bürger, daß es letztern nicht einmal erlaubt war, bei einem Adeligen eine Schuld zu contrahiren. Eine deßfallsige Klage wurde a limine abgewiesen. Trotz dieser Beschränkung bewarben sich öfters Adelige um das Beisassenrecht und jeder Einzelne schloß mit dem Rath besonderen Vertrag; gewöhnlich zahlte eine solche Familie für den Kopf einen holländ. Ducaten jährlich. So ein Herr von Trümbach, der 1795 auf ein bei Rath eingereichtes Promemoria sich hier einmiethen darf. Manchmal ließ sich der Rath nachgiebiger finden; ein Herr v. d. Tann zahlt 1803 für sich und seine Familie 2 Ducaten jährlich; eine Frau von Schenk-Geyern kommt 1791 mit dem Rath über ein Gedinggeld von 2 fl. fr. überein. Ueberhaupt scheinen die stadtgesetzlichen Bestimmungen, den Adel betreffend, nicht immer beobachtet worden zu sein. Reichsvogt war 1770 ein Herr v. Meyern, dessen Nachfolger ein Herr v. Schegck. Im österreichischen Erbfolgekrieg ernannte (1741) der Rath einen Schertel von Burtenbach zum Fähndrich des städtischen Contingents, freilich auf den Wunsch des commandirenden Feldzeugmeisters *). — Katholiken endlich und

---

*) Ueberhaupt beobachtete man gegen den Adel ceremonielle Höflichkeit. Ein Durchreisender des hohen Adels erhielt gewöhnlich ein Fischpräsent und ein Weinpräsent ins Quartier geschickt und der Rath' bezahlte die Wirthszeche; besonders gegen den Fürstbischof von Würzburg stellte sich die Stadt zuletzt in ein fast unterthäniges Respekts-Verhältniß und die Empfangsehren waren fast die eines Landesherrn. Umgekehrt deponirt der Graf Castell-Rüdenhausen durch seinen Rath von Jan seinen letzten Willen beim

Reformirte konnten nach stadträthlichem Ermessen nur als Schutzverwandte aufgenommen werden gegen ein Einzugsgeld von 11 fl. fr. und unter der Verpflichtung zu jährlich 12tägiger Handfrohnd nach Anweisung des Bauamts (vgl. § 34 a. E.). Handwerksmeister oder Handelsleute konnten sie nicht werden, sondern nur als Taglöhner, Häcker, Gärtner, Maurergesellen, überhaupt nur auf Lohnerwerb waren sie geduldet. Vom Genuß der Rechte verarmter Bürger waren sie ausgeschlossen und selbst ihre Beerdigung auf dem hiesigen Leichenacker war noch im letzten Jahrzehent des 18. Jahrhunderts an erschwerende Bedingungen geknüpft. — Juden wurden (schon seit 1555, MH. p. 88) zur Wohnung hier gar nicht geduldet und nur mit oberbürgermeisterlicher Erlaubniß und gegen Erlegung eines Ortsthalers (Sechstel=Thaler, preuß.) durften sie übernachten. Beim Eintritt in die Stadt zahlte der Mann 1 ßr., die Frau 2 Pf. Leibzoll; am Sonntag durften sie die Stadt gar nicht betreten und nur in dringenden Fällen der Durchreise erhielt der Einzelne gegen Gebühr von 6 ßr. einen Stadtsoldaten als Begleitung von

---

Rath der Stadt mit dem Ersuchen, dieß als gerichtliches Testament zu erkennen. Ueber die „Deposition wird Recognition ausgestellt." RP. 1790. S. 173. Der rhönwerraische Ritterconvent hielt hier im Rittersaale seine Kapitel. Der ritterschaftliche Registrator machte vorher dem Rathe das Compliment, eine Rathsdeputation machte das Gegencompliment und gratulirte schlüßlich dem neugewählten Ritterhauptmann und bot ihm einen Ehrenwein, den er aber gewöhnlich zurückwies. Die Ortskanzlei des Rittercantons befand sich ständig hier in der Hellersgasse (NN. 394, jetzt Hinterhaus des Advocaten Ruppert). Das Personal bestand aus Syndicus, Secretair, Registrator, einem Kanzlisten und drei Ritterboten. Die jungen Juristen traten meist zuerst bei dieser Kanzlei in die Praxis und erhielten bald auf ihr Ansuchen den Titel Ortsadvocaten. Ueberhaupt, so streng der Wortlaut des Gesetzes wacht über der Bürger Unabhängigkeit vom Adel, so suchte man doch hier wie in andern Reichsstädten gerne und um gutes Geld Titel bei benachbarten Dynasten; außer verschiedenen Doktoren zählte man 1801 einen geheimen Rath, 7 Hofräthe und 3 simple Räthe.

einem Thor zum andern. (In Nürnberg mußten sie in gleichem Fall noch 1790 ein Spittelweib zum Geleite nehmen und mit einem Kopfstück bezahlen). Geldbedürfniß veranlaßte den Rath (RP. 1794. p. 994) zum Beschluß, daß die Juden den Leibzoll quartaliter vorauszahlen müssen. Der Kaiser, so wie die übrigen Reichsfürsten haben ihr Recht, in den Reichsstädten Soldaten zu werben, auch hier ausgeübt. In Folge dessen war ein kaiserliches und ein preußisches Werbcommando fast jahraus jahrein hier thätig und kann mit seinem Anhang als nicht ständige Bevölkerung zählen (§ 49). Ist doch in den RP. von 1791 die Rede von Recrutenfrauen.

§ 5. Lebensweise der Einwohner.

Die kurpfalzbaierische Regierung verlangte über Bauart der Häuser, Möbel- und Kleiderluxus, übliche Nahrung, Gesindelohn und Taglohn, Bericht und vernahm darauf Rb. p. 14 ff. Folgendes: „Die Wohnhäuser haben hier nicht stattliches Ansehen, wie in größeren Städten, sind meist nur für den Bedarf des Besitzers genügend. Da ist kein von Außen bemaltes, oder mit Stukko geziertes Haus, wie in Nürnberg, auch innen ist fast nur weiße Tünche üblich. In wenigen Häusern haben neuere auf der Wanderschaft in Frankfurt unterwiesene Tüncher die Kunst des Patronirens angewendet. „Auch der Hausrath ist mit anderen Städten verglichen altväterisch, ärmlich; große Spiegel, Parketböden sind noch nicht hiesig; Kleiderluxus drohte allerdings in den achtziger Jahren auch hier heimisch zu werden, allein der seitdem herabgesunkene Nahrungsstand, Kriegssteuern und Einquartierungen haben auch hier zu wohlfeiler, altbürgerlicher Sitte zurückgedrängt. Die Nahrung besteht in den Häusern Bemittelter aus Suppe, Gemüse und Fleisch, letzteres am Sonntage gebraten, täglich auch hinreichend zum Abendessen; die städtischen Bauern, Häcker und Taglöhner essen nur Abends warme Speisen. Den Kaffee lernte man hier erst 1759 und 1760 kennen, als Sachsen unter Prinz Xavier hier Winterquartiere hielten. Noch 1789 wird der Webersfrau Bartenstein vor vollem Rathe ein Verweis ertheilt, weil

„sie Kaffee trinke*). Jetzt (1803) trinken Wohlhabende meistens
„früh Kaffee, bei besonderen Gelegenheiten auch Mittags,
„doch dürfte der jährliche Kaffeeverbrauch hier 80 Centner
„schwerlich erreichen; geringere Handwerksleute, Häcker und
„Taglöhner genießen früh Branntwein und Schwarzbrod.
„Das Luxusgetränk der besseren Bürgerklasse ist selbstgebauter
„Wein, selten Bier; die kleinen Leute trinken Bier, importir=
„ten Aepfelmost und einen sogenannten Haustrunk, bestehend
„aus dem durch Nachdruck auf die Weintrestern gewonnenen
„mit Wasser vermischten Produkt. Der Bierverbrauch in der
„Stadt betrug von 1797—1803 durchschnittlich 9600 Eimer
„im Jahr**). Der Lieblohn ist in den letzten Jahren auf
„eine unerhörte Höhe gestiegen, ebenso die Preise der Pro=
„fessionisten. Mägden zahlt man 18 Gulden (= 22½),
„Knechten 24 Gulden (= 30) Tagelohn. Ein Handwerks=
„meister, der auf der Stöhr arbeitet, begehrt des Tages 45 Kr.
„nebst Getränk. Nur die Studirten und die im öffentlichen
„Dienst stehenden Personen sind auf ihre in älterer Zeit be=
„stimmten, jetzt aber nur kärglich ausreichenden Salarien ge=
„wiesen oder auf die Mitgift ihrer Frauen, was beides eben
„nicht sehr beiträgt zur Hebung ihres Ansehens."

§ 6. Handel.

Der Schluß des vorigen Paragraphen klingt, als wäre er aus der Neuzeit; um so schärfer ist der Gegensatz zwischen sonst und jetzt in merkantilischer und gewerblicher Beziehung. „Das ganze Geschäft des hiesigen Kaufmanns" heißt es Rb. S. 89 ff. „besteht darin, die gangbaren Artikel in Frankfurt, oder wenn er seine Speculation weit treibt, in Leipzig einzu= kaufen und in der Heimath zu vertrödeln." Mangel an Fonds, meinte der Rath, sei schuld, daß von Handel in höhe= rer Bedeutung hier nicht die Rede sein könne. Daneben

---

*) In Hannover erschien 1785 ein strenges Kaffeeverbot. Preußen übte Kafferegie. Vgl. Schlosser, Gesch. d. 18. Jahrh. Bd. 3. p. 298.
**) Vgl. §. 10 u. 24.

wirkten aber aber auch andere Umstände hemmend ein. Der Großhandel stand jedem Bürger frei ohne besondere Concession, war aber 1800 hier kaum noch vertreten. Der effektive Handel, Kleinhandel, zerfiel in 4 Classen, die seit 1697 eine geschlossene Zunft ausmachten: a) Gewandtschnitt (= Ellenwaarenhandel), b) Spezereihandel, c) Eisenhandel, d) Pfragnerei, letztere nicht ganz zünftig. Jeder Handelsmann mußte sich zu einer dieser 4 Classen bekennen und war auf bestimmte Artikel beschränkt*). Ueber die Aufnahme in's Handelsgremium wurden zwar die 4 Kramermeister und Zunftmeister gehört, doch wurde einem Bürgerssohn, der einen Lehrbrief beibringen konnte, kein weiteres Hinderniß in den Weg gelegt. Eine Prüfung der kaufmännischen Kenntnisse oder Untersuchung des Vermögensstandes fand nicht statt; selbst der Lehrbrief wurde erlassen, wenn „zur Diskretion", wie es in der Handwerksordnung heißt, eine Buße von 4—10 Thalern erlegt wurde. Auch jeder Handwerker konnte zur Kaufmannszunft übergehen, wenn er sein Gewerbe aufgab und 10—40 Gulden Einkaufsgeld zahlte, welches theils in die Obereinnahme floß, theils in die Handlungslade. Dem Zunftmeisterconvent (Gebot, Jahrestag) präsidirten zwei Rathsdeputirte, die auch die Rechnung abhörten, Streitigkeiten entschieden und das Zunftmahl durch ihre Theilnahme zierten.

Bei solcher Beschaffenheit des Handelsstandes war auch die Produktenfülle der Umgegend, die zahlreichen Jahrmärkte, der reiche Holzbesitz der Stadt, die Schiffbarkeit des Mains nicht im Stande, die Handelsspeculation zu beleben; und während hier Kapital zum Großhandel fehlte, war der auswärtige Kaufmann bedenklich im Creditgeben, da ein strenges Wechselrecht hier nicht eingeführt war und die städtische Obrigkeit Natur und Privilegien der Handelsbücher nicht kannte oder

---

*) Wohin fiele wohl der Buchhandel? Der jetzt bedeutende Handel mit Glas, Porzellan und Quincaillerie? Erst 1860 erkannte man das Unzulängliche dieser Classeneintheilung und vereinigte sich über XI. Classen, wobei Sachkennern wieder auffällt, daß der Droguist nicht zugleich zum Materialwaarenhandel berechtigt erscheint und umgekehrt. So hier 1860, wo überall volle Gewerbfreiheit verlangt wird! cf. Schweinf. Intell.-Bl. 1860, Nov.

respectirte. In jedem einzelnen Fall mußte der Kaufmann „auf die Richtigkeit seines Buches auf den Regimentsstab *) geloben", reformatorisches Talent für solche Mißstände fand sich im Rathe nicht, „da die meisten Glieder des inneren Rathes, sogenannte Studierte vom Commerce nur sehr eingeschränkte Begriffe haben" **). Wir wissen jetzt, daß zum Aufblühen des Handels gute Verkehrswege unerläßliche Bedingungen sind; auch in dieser Beziehung stand unsere Stadt sehr im Nachtheil und nicht ohne Schuld des kurzsichtigen Rathes. Erst 1780 wurden die Straßen nach Werneck und Poppenhausen angefangen, um Schweinfurt mit Würzburg und Meiningen zu verbinden. Der Fürstbischof von Würzburg hatte dem Rathe früher vorgeschlagen, er wolle die Würzburg=Meiningerstraße über Schweinfurt führen, wenn der Rath die Bauführung durch die Markungen von Oberndorf und Schweinfurt, etwa ³/₄ Meilen, übernehmen wolle; allein aus übel angebrachter Oeconomie und aus Besorgniß der Reichsfreiherrn v. Münster, eine Hauptstraße möchte künftig manchmal Militairdurchmärsche durch Niederwerrn herbeiziehen, wurde abgelehnt. Später wurde die Verbindung mit größeren Kosten hergestellt; man mußte jetzt 3 Meilen (nach Werneck und Poppenhausen) bauen und dazu erst von Franz Ludwig Erlaubniß erbitten, auf dessen Gebiet den Straßenanschluß auszuführen, natürlich zu spät; denn nun lag Schweinfurt ³/₄ Meilen von der Hauptlinie, und erst die Neuzeit hat durch die Eisenbahn den Fehler der Kirchthurmpolitik vollständig gut gemacht. Auch der Weg nach Bamberg war für schweres Fuhrwerk nur unter besonders günstigen Umständen passirbar, an der Mainleite selbst für leichtes Geschirr gefährlich. Der Straßenbau nach Hildburghausen wurde 1802 begonnen. Auf dem linken Mainufer hatte die Stadt gar keine Straßenverbindung, nur Feldwege. Bei

---

*) S. § 51.

**) So Molitor 1803; er konnte aber dieselbe Bemerkung an seinen baierischen Collegen machen, von deren täppischen Mißgriffen in Nürnberg 1806 und 7 ältere Nürnberger auch gar Komisches zu erzählen wußten. Hatte doch Kurbaiern zu Molitor's Zeit auch noch gar keinen Handel!

alledem warf das Weggeld durchschnittlich 7—800 Gulden ab, der seit 1793 eingeführte Stadtpflasterzoll sogar 1100 Gulden (jetzt über 8000 Gulden).

Der wichtigste Verkehrsweg blieb demnach der Main, der, wenn auch seine Wehren und Uferbefestigungen alljährlich bedeutende Summen verschlangen, doch vielen Familien der Schiffer Nahrung gab, die den Handel besonders mit dem Untermain theils als Rheder (Schiffmeister), theils als Knechte derselben vermittelten. Zwei Ordinarischiffe gingen wöchentlich nach Bamburg (Fracht 20 kr. per Ctr.) und Würzburg (Fracht 15 kr.). Auch die Mainzölle trugen der Stadt gegen 1000 Gulden. Unbilligerweise setzte Würzburg, Bamberg und Ansbach (Steft) dem Schweinfurter Schiffer Zollschranken entgegen, während an der Schweinfurter Zollstation würzburger, bamberger und ansbacher Gut frei ein- und ausging. An der Schweinfurter Zollstätte zahlte der Stadtbürger weder Land- noch Wasserzoll für Import- oder Exportgut. Doch war eine peinliche Vexation für den Handel das Wagamt. Vgl. § 43 und 47 und d. W. Siegel- und Tuchamt. An Sonn- und Feiertagen waren während der Gottesdienstzeit alle Thore für jede Art Fuhrwerk geschlossen.

Die Post, hier wie in ganz Deutschland, Taxisches Reichslehen, war einer Frau Schoppach übertragen, die dafür einen Schreiber hielt. 4 bis 6 Pferde reichten aus für den ordentlichen Dienst. Von und nach Würzburg kam und ging wöchentlich einmal ein Postwagen, zweimal Reitpost; zwischen Würzburg und Bamberg, ebenso zwischen Würzburg und Meiningen ging nur Reitpost zweimal in der Woche. Viermal im Monat ging auch ein Rathsbote mit Ranze, Schild und Spieß zu Fuß nach Bamberg und Nürnberg; er besorgte Privatbriefe und amtliche Depeschen an den Agenten. Für letzteren Dienst erhielt er alljährlich ein Malter Korn, für jeden einzelnen Gang 2 fl. und alle 2 Jahre eine Montur. Er stellte eine Caution von 200 fl. und mußte an Sonn- und Feiertagen dem Reichsvogt mit Schild und Spieß auf seinem Kirchgang nachtreten*).

---

*) „Noch 1790 traten die Reichsstädte in Regensburg mit der Klage „auf über das Postwesen; es werde dadurch das alte, wohlherge-

§ 7. Münzen, Maaße, Gewicht.

Größere Zahlungen geschahen hier, wie in Oberdeutschland überhaupt im 24 fl. Fuß, in welchen sich auch die franz. großen und kleinen Thaler und Soustücke fügen mußten. Im gewöhnlichen Verkehr rechnete man nach fränkischen Gulden, Schreckenbergern *), Batzen, Schillingen (Sr.), Dreiern, Pfennigen, seltener nach Ortsthalern; nämlich

1 fl. frk. = 1 fl. 15 kr. rh. = 6 Schreckenb. = 28 Sr. = 15 Batz. frk.
1 Batz. frk. = 5 kr. rh.; 1 Sr. = 3 Dreier = 6 pf.; 9 Sr. = 24 kr. rh.
1 Schreckenb. = 14 Dreier; 1 Dreier = 2 pf.
1 Ortsthaler = 6 altpreuß. Groschen; 1 Rthlr. = 1 fl. 30 kr. rh.

Bei allen Geldangaben dieser Blätter ist nun der fränkische Gulden zu verstehen, wo er nicht ausdrücklich als rheinisch bezeichnet ist **). Das Münzrecht besaß die Stadt schon im 13. Jahrh., schlug aber nur kurze Zeit Scheidemünzen. — **Flüssigkeitsmaaß:** 1 Fuder = 12 Eimer; 1 Kaufeimer = 8 Kübel = 64 Maaß; 1 Schenkeimer = 9 Kübel = 72 Maaß; 1 Maaß = 2 Seidlein = 4 Viermäßlein (Schoppen) = 8 Aechtelein. — **Trockenmaaß:** 1 Malter = 2 Achtel; 1 Achtel = 4 Metzen; 1 Metzen = 4 Viertel; 1 Viertel = 4 Dreiling. Der jetzige bayerische Schäffel enthält 9 altschweinfurter Metzen. Das Mustermaaß, die „Metze" genannt, befand sich an der Ecke des Hauses Nr. 332 (325) in der SOl. Nähe der Hauptkirche. — Das **Ellenmaaß** (noch jetzt das übliche) betrug 265 par. Linien (1 par. Fuß = 144 Linien; 1 bayr. Elle 369¼ par. Linien). — Bei **Flächenmessung** hielt der Morgen 160 ☐ Ruthen. — Das **Kubikmaaß**, Klafter, hier Reif genannt, war, wie noch jetzt, verschieden;

„brachte Stadt- und Landbotenwesen beeinträchtigt. Sie bitten, „die zum größten Nachtheil der bürgerlichen Nahrung errichteten „Postwagen wieder abzustellen." Häußer, Deutsch. Gesch. Bd. I, p. 126.

*) Vom Silberbergwerk Schreckenberg bei Annaberg so genannt.

**) Münzräthsel: Vierzehn Katzen kosten 15 Batzen? Was kostet Eine, ohne Bruchzahl ausgedrückt? Antw.: (1 fl. = 15 Bh. = 28 Sr.; also 1 Katze =) 1 Sr.

das Bestallungsholz war ½ Schuh länger, der Reif also 6½ Kubikschuh größer, als das am Wasser ausgebotene. — Das schweinfurter Pfund war das nürnbergische = 10621,2 holl. Aß Troysgewicht (das bayerische oder östreichische 11655 Aß).

§ 8. Fabriken.

Ziemlich schwunghaft für hiesige Verhältnisse wurde die Potaschenfabrikation betrieben bis zum Export von mehr als 3000 Ctr. Drei Tabakfabriken, die das Rohprodukt aus der Rheinpfalz bezogen, waren unbedeutend. Etwa eine halbe Stunde von hier auf dem Wege nach Niederwerrn, nicht ferne von der Stelle, wo das in der Chronik oft genannte, durch Brand schon 1388 zerstörte Hilpersdorf stand *), errichteten 1793 unter mancherlei seltsamen Bedenklichkeiten des Raths über etwaigen Schaden der Benützung der Wasserkraft die Gebrüder Fichtel eine Marmelmühle (jetzt Farbenfabrik Bellevue genannt); allein das Material fand keinen Beifall, der Taglohn war hoch, die Unternehmer fanden ihre Rechnung nicht. Eine bessere Zukunft erwartete man schon damals von der Bleiweißfabrik, die Joh. Martin Schmidt 1783 errichtete, das erste Werk dieser Art in Deutschland; auf dem Hauptgebäude, einem Mühlwerk am Main zum Schlemmen und Trocknen des Fabrikats, errichtete der Mechanikus Güble von Nürnberg 1788 einen Blitzableiter, den ersten in hiesiger Stadt und Gegend. Unter Schmidt's Wittwe stand 1803 die Fabrik in lebhaftem Betrieb. Das Schmelzen des Bleis, das Calciniren der Bleirollen, die Fabrikation des nöthigen Essigs geschah in der Stadt selbst; der Schwerspath zur Beimischung wurde aus Thüringen bezogen. Die weitere Bearbeitung bis zur Verpackung ging auf der Mühle vor sich und beschäftigte 12—14 Arbeiter. Nach Ausweis der Wagregister bezog die Fabrik 400 Centner Blei und versandte etwa 14,000 Centner Bleiweiß. Jetzt nach 60 Jahren dürfte kaum das dreifache reichen.

---

*) Die Kirche war stehen geblieben und wurde erst 1661 abgebrochen.

§ 9. Gewerbe.

Handwerker bildeten damals, wie noch jetzt, den Kern der Bürgerschaft; die Zahl derer, die ihr Gewerbe als zünftige Meister betrieben, betrug zu Anfang des Jahrhunderts 763, darunter nach Molitor 80, nach Bundschuh 63 Braumeister, zugleich Büttner (jetzt 58), 60 Fischer und Schiffer (jetzt 56), 105 (nach Molitor 78) Häcker (jetzt 92). Das Zunftwesen war bestimmt durch eine 1749 (46 S. fol.) erschienene „Handwerksordnung", die selbst wieder ruht auf einem Reichsgesetz v. J. 1731. Ein großer Theil dieser Bestimmung eifert gegen komische Mißbräuche, die jetzt kaum dem Namen nach mehr bekannt sind. Wanderzwang bestand gesetzlich, doch konnte leicht dispensirt werden, zumal die Buße ins Handwerksgefäll-amt floß. Die Meisterprobe war durch allerlei Kunstgriffe sehr trügerisch und die Rathsprotocolle geben davon ergötzliche Beispiele. Meister Spüth, der einem Spengler sein Meisterstück gar gut gemacht, wird 3 Stunden in den schwarzen Keller gesteckt, doch gilt das Probstück als gemacht. Einem 24jährigen zunftmäßig vorbereiteten Meistersohn wurde das Meisterrecht nie abgeschlagen, obwohl es Tit. III. Art. 10 der Handwerksordnung im Ermessen des Rathes stand. Eine geschlossene Maximalzahl von Handwerksmeistern bestand also nicht. Klopfende Handwerker, Seifensieder, Weißgerber und Leimsieder durften nicht in der Nähe von Kirchen und Schulen, noch auf dem Markte, oder in einer Hauptstraße ihr Geschäft betreiben.

§ 10. Bierbrauerei.

Sie verdient unter den Gewerben besonderer Erwähnung, nicht bloß wegen der numerischen Stärke der Zunft, sondern auch weil beim Betrieb magistratische Wirksamkeit unmittelbar eingriff. Kein Brauer hatte nämlich das Recht, sich privatim ein Brauhaus einzurichten, jeder mußte vielmehr die städtischen Baulichkeiten benützen, wo außer dem Holze zur Noth alles vorräthig gehalten wurde, was vom Zurechtmachen der Frucht 2c.

bis zur Verschaffung des Bieres in die Keller nöthig ist; doch fehlte ein Malzkeller, was namentlich im Winter oft ein völliges Verderben des Bieres herbeiführte. Die Brauer mußten sich zur Einhaltung einer 1782 gedruckten „Braumeisterpflicht" eidlich verbindlich machen; das Umgeldamt (§ 24) hatte die Oberaufsicht über das Brauhaus und die nächste tägliche Aufsicht führte der Gerstenmesser, dem alle eingeführte Frucht zum Messen und zum Verzeichnen oblag. Für ein großes Gebräu nämlich, wozu 10 Malter (à 8 Metzen) Gerste verwendet und womit etwa 60 Eimer Bier erzielt wurden, fielen 23 fl. 9 pf. an das Umgeldamt, und den Holzbedarf stellte der Brauer. Auch Nichtbrauer hatten das Recht, das Haus zu benützen und das erzeugte Bier im eigenen Haus an Gäste zu verzapfen, doch mußten sie das Braugeschäft durch einen zünftigen Brauer besorgen lassen und diesem dafür 7 fl. zahlen, weßhalb auch nur Brauer das städtische Brauhaus benützten. Das Gesammterzeugniß betrug 1802 11850 Eimer, wovon nur sehr wenig auswärts consumirt wurde. Im J. 1859/60 wurden 6490 Schäffel Malz versotten; vgl. § 25 a. E.

§ 11. Stadtverfassung im Allgemeinen.

Zwei Revolutionen der Bürgerschaft gegen den gebietenden Rath, 1447 und 1513, deren letztere unter kaiserlicher Autorität durch eine Coalition des Grafen von Henneberg, des Markgrafen von Ansbach und des Bischofs von Bamberg unterdrückt und blutig bestraft wurde, gaben die nächste Veranlassung zu gewaltsamer Einführung einer Stadtverfassung, die im Wesen geblieben ist bis zur Auflösung des Reichsverbandes überhaupt. Es ist in derselben (MH. S. 124 ff.) nirgends die Rede von einem durch Geburt bevorrechteten für die Regierung allein befähigten Herrnstand (Rothenburg) oder von Patricierfamilien (Nürnberg, Memmingen, Augsburg); jeder Handwerker war neben seinem Gewerbe zur höchsten Amtswürde in der reichsfreien Stadt befähigt; die in der Ortsgeschichte hervorragenden Bürgermeister und Reichsvögte, Göbel und Zeitlos, waren jener ein Wollenweber, dieser ein Säckler. Auch ein Vermögensnachweis oder Grundbesitz, der bei der

Rathswahl in Rechnung gekommen wäre, ist nirgends erwähnt. Nur wissenschaftliche Bildung, deren Erwerb auch den Unbemittelten durch Stipendien erleichtert war, gab vorzugsweise, aber durchaus nicht ausschließlich, Hoffnung auf einen Sitz unter den Rathsherren. Bei einem juridisch gebildeten Procurator, Notar, Advocaten setzte man Geschäftserfahrung voraus; einem graduirten Arzt traute man wenigstens schnellere Befähigung zu. So bildete sich eine Art Gelehrtenpatriciat, ein Punkt, über den 1792 die Achterherrn (§ 14) sich bitter, wenn auch vergeblich beschwerten (§ 20 z. E.). Zur Abhörung der Rechnungsablage, erwidert (6. Juli 1792) der Rath, sei zwar jeder vernünftige Bürger befähigt, im Rathe aber gebe es schwierigere Geschäfte *). — Erscheint demnach die Verfassung der Reichsstadt entschieden demokratisch, so waren doch vorsichtig Schranken gezogen gegen Ochlokratie (Pöbelherrschaft). Es durfte keine Versammlung oder Convocation gegen den Rath auf Plätzen oder in Häusern gehalten werden, ohne besondere Bewilligung des Rathes. Die Nothwendigkeit zeitgemäßer Entwicklung der Verfassung war vorgesehen, aber nur der Rath selbst und des Kaisers gefreiter Richter durften daran arbeiten, und zu jeder Abänderung war kaiserliche Genehmigung nöthig.

§ 12. Verhältniß der Reichsstadt zum deutschen Reiche.

Der Reichstag war ständig versammelt zu Regensburg und tagte in drei Collegien: a) Kurfürsten, b) Fürsten, Prälaten, Reichsgrafen, Reichsritterschaft, c) Reichsstädte, letztere auf zwei Bänken, der rheinischen und der schwäbischen. Schweinfurt nahm auf der schwäbischen Bank mit Kempten und Windsheim alljährlich wechselnd den 19. oder 20. oder 21. Platz ein. (Nr. 1 Regensburg, Nr. 2 Augsburg, Nr. 3

---

*) Der Rath bedauert tief diese Brandschrift der Achter in politisch bedenklicher Zeit; er verweist sie auf ihre Befugnisse, auf den Bruch der Amtsverschwiegenheit und auf das Widerrechtliche „geheimer Versammlungen" (MH. S. 128 und 130).

Nürnberg, Nr. 8 Rothenburg, Nr. 14 Memmingen, Nr. 15 Lindau — jetzt würde die Rangordnung anders sich gestalten.) Vertreten wurde Schweinfurt nicht durch einen eignen Gesandten, sondern durch den Deputirten Regensburgs; die Stimme einer Reichsstadt hatte überhaupt nie ein beachtenswerthes Gewicht, da ja das Gesammtvotum des dritten Collegiums wirkungslos war, wenn, wie gewöhnlich, die zwei andern übereinstimmten; so erhielt denn der Vertreter auch das stehende Mandat, majoribus zu cediren. — Sowie sämmtliche Fürsten Lehensträger des Kaisers waren, so übte letzterer auch die Oberhoheit in den Reichsstädten, die jedoch schlüßlich zu einer bloßen Form herabsank. Der Reichsvogt mußte als Reichsamtmann nach der Wahl die Belehnung in Wien nachsuchen und den Homagialeid leisten, doch genügte für beides Stellvertretung (§ 16). Auch regelmäßige Reichsleistungen fanden nicht statt, wie denn überhaupt der Kaiser aus dem Reich kaum 20000 fl. zog. In Fällen der Noth wurden Römermonate ausgeschrieben und in Kriegsfällen mußten die Reichsstädte ihr Contingent (§ 49) stellen. Schweinfurts Römermonat betrug in simplo 34 fl. Eine ordentliche Reichssteuer war das Kammerziel, von dem die 2 höchsten Reichsgerichte, das Reichskammergericht in Wetzlar und der Reichshofrath in Wien erhalten wurden. Auf Schweinfurt traf ein Simplum von 67 Rthlr. 60 kr. Beide Reichssteuern wurden an den Pfennigmeister in der Legstadt Nürnberg entrichtet. An der Besatzung des Reichskammergerichts nahmen alle Stände am Reichstage Theil; den Reichshofrath bestellte der Kaiser allein. Alle Reichsuntergebenen konnten an beiden Recht nehmen und Moser erzählt von einem Reichshofrathsurtheil peto Rathswahlfähigkeit, in dem (2. Dec. 1731) für einen Segnitz gegen den Rath in Schweinfurt entschieden ist. Doch wurden beide hohen Gerichtshöfe nur selten von hier aus behelligt, da schleppende Umständlichkeit und notorische Bestechlichkeit derselben das Recht unerschwinglich theuer und unsicher machten.

§ 13. Der Reichsvogt.

Ursprünglich setzte der deutsche König selbst den Reichs=
amtmann, Reichsschultheiß, Reichsvogt, gefreieten Richter ein,
welcher über dem Rathe stehend den Gerichtsbann in
bürgerlichen und peinlichen Fällen übte, Zoll=, Münz= und
andere Regalien verwaltete, die Gerichte mit den nöthigen
Schöffen besetzte und Streitigkeiten zwischen Rath und Bür=
gerschaft vermittelte. In der zweiten Periode (1362—
1499) wählte die Stadt ihren Reichsvogt selbst, meist einen
von Adel, der damals noch in der Stadt Häuser besitzen durfte.
In der dritten Periode (1499—1568) übertrug die Stadt
die Reichsvogtei einem Schutz= oder Schirmherrn aus fürst=
lichem oder gräflichem Stande, der sein Amt durch einen
Untervogt verwalten ließ. Diese Herren waren der Stadt
auch Schutz schuldig bei Ueberfällen mächtiger Nachbarn, wo=
für sie Zoll und andere Regalien und nicht unbeträchtliche
Geschenke bezogen, die zuletzt in fixe Salarien übergingen.
Von 1499—1568 hatte die Stadt 15 solche Schirmherrn, meist
Henneberge, aber auch zwei Landgrafen von Hessen, Kur=
fürsten von der Pfalz und von Sachsen, einen Herzog von
Weimar, einen Bischof von Würzburg und einen Markgrafen
von Ansbach (SR. S. 126). In der vierten Periode
(1568—1802), in welcher der Landfriede die Schirmvögte
unnöthig machte, übte die Stadt das von Kaiser Max II. er=
theilte Privilegium, aus eigener bürgerlicher Mitte den Reichs=
vogt zu wählen und zu besolden, zu welchem Zweck der Rath
auch die Gefälle der Reichsvogtei an sich zog. Die Wahl
fiel nun meistens auf den ältesten Bürgermeister und wurde am
Donnerstag nach Luciä (13. Dec.) vollzogen. Die Wahlceremonie
gibt Beck, V, p. 17, ebenso eine Liste der bürgerlichen Reichsvögte.
Die Wirksamkeit derselben erstreckte sich fast blos auf Austrä=
galinstanz unter Beiziehung zweier auswärtiger Gerichtsbeisitzer
bei vorfallenden Streitigkeiten zwischen Rath und Bürgerschaft
auf geschehene Anrufung. Die Niedersetzung eines solchen
Schiedsgerichts, zu dem in der Regel ein Paar Rathsherrn
von Rothenburg und Windsheim beigezogen wurden, war

indeß so kostbar, daß man lieber an das Reichsgericht selbst sich wendete. Undeutlich ist, wenn Moser (Reichsstädt. Regimentsverf. S. 133) schreibt, der Reichsvogt führe den Vorsitz im Gericht; wenigstens kann damit nur das so selten zusammentretende Austrägalgericht gemeint sein; im Rathe der Stadt selbst, der doch auch als Gerichtshof saß, erschien der Reichsvogt nie (Bck. a. a. O.) Manchmal verweist der Rath selbst an den Reichsvogt; wenn z. B. 1789 die Schöpf'sche Verwandtschaft sich nicht beruhigen will bei einem Rathsbeschluß über Stiftungskapitalien, wird sie „auf den verfassungsmäßigen Weg der privilegirten Austrägalinstanz verwiesen." Jedenfalls war in der letzten Hälfte des 18. Jahrh. die Reichsvogtei eine ehrenvolle Sinecure für einen greisen Bürgermeister.

§ 14. Der Stadtrath.

Der eigentlich regierende Senat der Reichsstadt bestand bis 1776 aus 24 Gliedern, die daher auch in ihrer Gesammtheit die Vierundzwanziger hießen, nämlich 6 Consules (Sexviri, Bürgermeister), 6 Scabini (Schöppen, Schöffen) und 12 Senatores (Rathsherren). In genanntem Jahre wurde durch Reichshofrathsbeschluß eine Reduction vorgenommen, dagegen der Ertrag der Stellen erhöht. Seitdem bestand nun das Stadtregiment, der innere Rath, aus 4 Bürgermeistern 4 Scabinen, 8 Rathsherrn. Das Direktorium führte in vierteljährigem Wechsel (Luciä, Gregorii, Viti, Crucis) einer der Bürgermeister, der so lange Oberbürgermeister hieß und die Ansprache Magnificenz verlangte, von Rathsbedienten und Bittenden aber auch Excellenz angesprochen wurde. Das Publikum erfuhr den Consulatswechsel durch die Stadtpfeifer und Trommler, die am Abend dieses Tages ihren gewöhnlichen Weg änderten, um vor dem Hause des jetzigen Consuls das Ehrenstück aufzuführen. Jeder Rathssitzung wohnten zwei Consulenten bei, nothwendig rechtskundig, im Rang unmittelbar hinter dem Oberamtsbürgermeister stehend, aber nur zu berathender Stimme berechtigt. Auch die Scabinen, die den Vortritt vor den Senatoren hatten, mußten Studirte sein, doch nicht nothwendig Juristen *). Die vier Bürgermeister bildeten in besonders wichtigen Fällen, namentlich in der Voruntersuchung gegen einen Senator, oder gegen einen Geistlichen einen geheimen Rath. Die 4 Scabinen und 8 Senatoren zusammen hießen die Zwölfer, die Zwölferbank. Einer der 8 Senatoren hieß Unterbürgermeister; er führte die niedere Polizei (Eigenthumsbeschädigungen, Forderungen, Geldstrafen bis zu 5 Gulden) und vollzog die Rathsbeschlüsse; in wichtigen Fällen führte er persönlich die Parteien dem vollen Rathe vor. Auch diese Function wechselte quartaliter. Die täglich laufenden Bureaugeschäfte leitete ein Actuarius, gewöhnlich Secretär genannt und manchmal vom Senat mit dem Titel Syndicus begnadigt, nothwendig ein Jurist, der zwar nicht in der Stadt, wohl aber bei dem hier residirenden Ritterrath des Cantons Rhön=Werra advociren durfte. Der expedirende Secretär, auch Jurist, hieß Botenmeister.

Der äußere Rath, auch Zusatz genannt, bestand aus acht Gliedern, zuletzt wenigstens insgemein Assessoren genannt; er erschien in den Sitzungen nur auf besondere Ladung, hergebrachter Weise in peinlichen Sachen, bei der Rathswahl, bei der alljährlichen Rechnungsablage der Rathsämter, bei Verhandlungen über Steuersatz, über Verfassungsabänderung und „sonst in hohen, wichtigen Sachen, daraus gemeiner Stadtschaden erfolgen möchte."

In Folge des Bürgervertrages von 1514 hatte „der Rath" noch 8 Männer aus der Gemeinde zu wählen, Achter, Achterherrn, Achterstand, deren Function nahezu dem jetzigen Gremium der Gemeindebevollmächtigten entsprach. Mit dem äußeren Rathe wurden sie beigezogen zu allen Rechnungsablagen, Steuersatz, Contrahirung von Schulden, zum Anhören von Kreis= oder Reichsschreiben guter oder böser Zeitung, bei Criminalsachen, besonders Bluturtheilen. Dafür bezogen sie auch Salarien, hatten Accidenzien an Holz, Licht, Fischen, hatten ihren Sitz bei Rathswahl= und Rechnungsmahlzeiten und in beiden Kirchen; letztere

---

*) Unter den letzten Scabinen 1803 war Stadtphysicus Dr. Stolle.

teres wurde schon vor 100 Jahren auf wenigstens 3 Gulden jährlich angeschlagen. Auch bei Stadtpfarrwahlen hatten sie volles Stimmrecht, (§ 16 u. § 34). Was übrigens v. Heß in seinen „Durchflügen" (Hamburg 1796 — 1800 3 Bde.) Bd. III. S. 44 schreibt: „Diese vom Rath selbst gewählten Gracchen fallen natürlich den Appiern Schweinfurts nicht sehr lästig durch ihren Plebejismus" — bewahrheitet sich beim Durchlesen der Rathsprotocolle, und ihre Zahmheit war um so erklärlicher, als man die Achterstelle als eine Vorstufe zum Sitze im Rathe betrachtete. — Die Achter trugen die Leichen der Rathsglieder und die zwei jüngsten waren auch die „Säckleinsträger" in den zwei Kirchen und erhielten dafür je 3 Klafter Holz und 6 Schock Wellen. Doch kam schon 1795 vor, daß sich unter den Achterherrn keiner für diesen Dienst fand, der nun einem armen Bortenwirker übergeben wurde.

§ 15. Die Rathswahl.

Wegen unwürdigen Betragens*) oder wegen Dienstvergehens konnte zeitweilige Suspension oder Amtsentsetzung eintreten (Bck., II, 2, p. 77); aber ordnungsgemäß waren alle Aemter vom Reichsvogt bis zum Achterherrn lebenslänglich. Die Rathswahl am Donnerstag nach Luciä (13. Dec.) war also nur eine Ergänzungswahl für die meist durch Todesfall erledigten Stellen. Das aktive Wahlrecht hatte der innere und äußere Rath; das passive Wahlrecht erstreckte sich auf alle unbescholtenen Bürger, nur deutsche Schulhalter waren trotz ihres Vollbürgerrechts zu keiner Rathsstelle wählbar. Sonst influirte dabei Geburt so wenig, als Vermögen oder bisherige Dienststellung; 1789 wird der Mühlschreiber Stepf Botenmeister, der Botenmeister Hahn wird Rathscanzlist, der Rathscanzlist Schöpf wird Senator, also hat der Mühlschreiber Aussicht Reichsvogt zu werden. In der Regel wurde

---

*) Scabinus Br..... wird 1790 aus dem Rath gestoßen, weil er „das Weibsvolk gerne sieht, als rhön-werra'scher Consulent Akten „verschleppt hat und besonders weil er das Tabakrauchen vor „seinem Hause und auf der Straße sich nicht wehren läßt."

der innere Rath aus dem äußern, dieser aus dem Achterstand, dieser aus den Officianten (§ 48) ergänzt. Bei einer Abweichung von dieser Gewohnheit hielten sich zwar die Uebergangenen für tief gekränkt, doch bestand der Rath auf seiner vollen Wahlfreiheit und beachtete auch die Einrede des Reichsvogts nicht, wenn dieser der übergangenen Achter sich annahm (RP. 1789 S. 823). Als bescholten und passiv nicht wählbar galt nicht blos der außerehelich Geborne, nicht blos wer ein unehrlich Gewerbe (hier nur die Abdeckerei) trieb, oder wegen Vergehens oder Verbrechens rechtskräftig verurtheilt war, nicht blos der Banqueroutier, sondern schon wer mit seinen Gläubigern accordirt hatte. Die Wahl von Consulenten, Schöppen und Sekretär war auf Studirte beschränkt (§ 11). Endlich hing noch 1803 in der Rathsstube die **Bluttafel**, auch **schwarzes Täfelein** genannt, ein Verzeichniß derjenigen Verwandtschaftsgrade, die im Rathe sich nicht zusammen finden durften, also bei der Wahl vermieden werden mußten. Um erledigte Stellen wurde **schriftliche Meldung** eingereicht, in der durch Stammbaum nachgewiesen sein mußte, daß der Eintritt des Bittstellers kein Verstoß gegen die Ordnung der Bluttafel sei; mündlich durften die Bewerber sich nur dem Oberamtsbürgermeister empfehlen, **persönlicher Besuch bei Räthen wurde gerügt** (RP. 1792, S. 586). Montag, Dienstag und Mittwoch vor der Wahl kündigte Abends das Blasen der Posaunen vom Thurme den wichtigen Tag an; am Mittwoch war über die Einläufe Berathung mit besonderer Rücksicht auf die Bluttafel; zu gleicher Zeit wurde vor dem Rathhause ein großes Viereck dick mit Mainsand bestreut, ebenso wurde von der östlichen Rathhaustreppe aus an diesem Viereck vorüber ein breiter Sandweg zur Johanniskirche gemacht. Donnerstags ging Tagreveille durch alle Hauptstraßen, dann rückte das städtische Contingent aus und füllte in möglichst ausgiebiger Stellung das Sandviereck. Um 9 Uhr zog der Rath in Procession vom Rathhaus weg auf dem Sandweg zur St. Johanniskirche; die Amtskleidung hier wie in den Rathssitzungen war der Dreiecker „einmal aufgeschnaubt", weiß gepuderte Alongeperücke, der schwarze bürgerliche Staatsfrack, weiße Manschetten, kurze schwarze Hosen, seidne schwarze

Strümpfe, Schnallenschuhe, unter dem Kinn an der weißen Binde dieselben geheimnißvollen weißen Bäffchen, wie sie unsere Geistlichen tragen und den Rücken hinab hing ein ähnliches Stück schwarzen Zeuges, Mäntelchen genannt, wie mans von Seide an baierischen geistlichen Gymnasialprofessoren in vorgeschriebener Gala, oder von Wollzeuch bei Meßnern in ihrer Function sehen kann *). Die „Soldatesca" (§ 49) präsentirte, Trommler und Pfeifer strengten nach Kräften sich an, dann wurden die Gewehre fein leise in den Sand gelegt und leise, leise entleerte sich auch das Viereck in der Richtung zur Kirche. Hier sang die Gemeinde das Dilherrische Lied: „Gott, der du im Gerichte sitzest," und der Oberpfarrer hielt die Rathspredigt, für die er besonders honorirt wurde mit einem Ducaten, einem Hasen und einer großen Kanne Wein. Nach der Kirche bewegte sich der Zug wieder unter militärischen Ehren dem Rathhause zu, um hier bei geschlossenen Thüren die Wahl vorzunehmen. Seit 1755 wurden die **Wahlstimmen mündlich** abgegeben, und die Achter bemühten sich vergebens (RP. 1792 S. 584), schriftliche Abstimmung wieder einzuführen; es gelang ihnen so wenig als bis jetzt den Chartisten the ballot. Vergl. legg. tabell. Cic. de legg. 16. Die eigentlich schon in der Vorberathung gesicherten Wahlen wurden nun ohne weitere Förmlichkeiten durch Anschlag bekannt gegeben. Noch am Vormittag schickten die Freunde der Neugewählten die Mägde, um gegen übliches Trinkgeld die Glückwünsche ihrer Herrschaft zu überbringen; der persönlich erscheinenden Gratulanten wartete Nachmittags Caffee. Am nächsten Tag wurden die erledigten Rathsämter vertheilt, meist durch Vorrücken aus minder guten Stellen in einträglichere.

---

*) Bei Reichstrauer war der Dreiecker zweimal aufgeschnaubt, an beiden Seiten hing ein langer Flor herab, die Perücke war schwarz, die Manschetten fielen weg und aus dem Mäntelchen wurde ein Leibmantel. Auch beim Tod eines Bürgermeisters trauerten in derselben Weise die Consulares und Scabini 4 Wochen, die Senatores 14 Tage und eine Rathsdeputation condolirte der Wittwe.

§ 16. Function des Raths im Allgemeinen.

Dreimal wöchentlich, Montag, Mittwoch und Freitag waren die ordentlichen Sitzungen, zu denen die Bürgermeister, die Consulenten und die zwei älteren Senatoren in der Rathskutsche, die jedoch auch außerdienstlich mit Erlaubniß des Consuls von Rathsherrn benutzt werden durfte, fuhren. In stürmischen Zeiten (1796 ff.) saß der Senat täglich Früh und Nachmittags; besuchten in solchen Fällen die Herren Consuln die Sitzungen nachläßig, um dem Rathe die Verantwortung zu überlassen, so wurde ihnen „ihre Pflicht intimirt". Die Hauptgegenstände gewöhnlicher Berathung waren Polizeisachen aller Art, Feld=, Forst=, Jagd=, Gewerbs=, Sanitäts=, Armen= und Sicherheitspolizei, Fornicationsrug, Injurien, Ansäßigkeitssachen; aber auch als Justizstelle saß der Senat und entschied schlüßlich in Vormundschaftssachen, Gantwesen, in Civil= und Strafprozessen. War Kläger oder Beklagter einem des Rathes nach gesippt, so wurde Letzterem die Bluttafel als stummes Zeichen zum Abtreten auf seinen Platz gelegt. Das Verhältniß der Stadt zum Reichsoberhaupt und zu anderen Reichsständen hatte besonders in den letzten Jahren der Reichsunmittelbarkeit mancherlei Verwicklungen zur Folge. In Schweinfurts Interesse wirkten daher besoldete rechtskundige Agenten in Nürnberg, Regensburg, Wetzlar und Wien; letzterer hieß Reichshofrathsagent und mußte bei jedem Thronwechsel Namens der Stadt supplizíren um Erneuerung der Stadtprivilegien, besonders des Blutbannes, und leistete dann den Homagialeid, wofür 1790 Herr Merck 10 Ducaten „besonderes Douceur" erhielt *). In vollem Rath wurde auf alle Einläufe dieser Agenten beschieden; an sie richtete der Rath seine Wünsche oder Klagen, die sich auf Römermonate, Kammerziele oder sonstige Reichsleistungen bezogen. In Reichsfragen lautete die Instruction an den Vertreter beim Kreistage in der Regel dahin, er solle Majoribus cediren. Alle Beziehungen zur benachbarten Reichsritterschaft, besonders zum Canton Rhön=Werra und Baunach, ferner zu Würzburg und Bamberg wurden im Rathe geordnet; sein Bestimmungsrecht

---
*) Die Förmlichkeit s. Moser, teut. Staatsrecht, Bd. 42. p. 122 ff.

in Reichscontingentsangelegenheiten wurde um so wichtiger, je näher die Kriegsläufte kamen. Der Offizier des städtischen Contingents erhielt auch im Feld Weisungen vom Rath. Oestreichische und preußische Werboffiziere übergaben in der vollen Sitzung ihre Beglaubigungsschreiben. Die Correspondenz in Kreissachen mußte vollständig kund gegeben werden. Die Vorlage der Jahresrechnungen, die Wahl der Stadtgeistlichen erfolgte unter Beiziehung des Zusatzes und des Achterstandes, auch die Wahl und jährliche Bestätigung der übrigen Bedien=steten geschah in einer Rathssitzung unter activer Gegenwart des äußeren Rathes, doch ohne Mitwirkung der Achter.

Am ersten Montag jeden Monats war besondere Sitzung, das Stadtgericht genannt. Nach einem seltsamen Gebrauche dieses Wortes saßen da 4 Bürgermeister, 4 Schöffen und die zwei ältesten Räthe — um die Lichter=, Fleisch= und Brodtaxe zu machen und Vormundschaftssachen einzuleiten. Diese besondere Mühe wurde jedem Beisitzer mit 14 Schillingen (37½ Kreuzer) vergütet.

Je nach Bedarf 4—6 mal im Jahre wurden sogenannte Audienzen gehalten, in denen 2 Bürgermeister und 2 des inneren Rathes ein Vermittlungsamt für Injuriensachen und Bagatellklagen bildeten. Verfing ihre Bemühung nicht, „so sollten die Partheien an den Rath berufen."

Die wichtigsten, weil einträglichsten Functionen der Rathsglieder waren die verschiedenen Aemter, § 23 ff.

§ 17. Gesetzgebung.

Ein allgemeines Gesetzsystem, speziell für die Stadt und ihr Gebiet, gab es hier so wenig, als in anderen Reichsstädten. Das canonische und römische Recht entschied in der Regel, wie man denn in der That nach römischem Recht einen Prozeß 6 mal entscheiden kann, bis man nach germanischem unter 6 Prozessen einen auflösen wird. Nur über einige Gegenstände bestand seit 1724 ein Stadtrecht: Differentiae juris provincialis Franconici et juris consuetudinarii, nunc statutarii Suinfurtensis, d. i. Anmerkungen, worinnen von den Fränkischen Landrechten des heiligen römischen Reichs freier

Stadt Schweinfurt Stadtrecht unterschieden u. f. w. Schweinfurt, druckts Morich 1724. 161 S. Fol. Seine Bestimmungen treffen besonders Familienverhältnisse, als Gütergemeinschaft zwischen Ehegatten, Einkindung, Intestaterbfolge, Form der Testamente, Vormundschaften. Molitor meint, eine plötzliche Aufhebung dieses Stadtrechts würde mißliche Verwicklungen und kostspielige Familienstreitigkeiten hervorrufen. In der That hat auch die baierische Regierung dieses, sowie ein anderes halbes Hundert provinzieller Rechte, bestehen lassen bis zur Erscheinung des allgemeinen Civilgesetzbuches für das ganze Land.

Neben diesem Stadtrecht bestand noch eine „Sammlung der vornehmsten Pflichten und Ordnungen der freien Stadt Schweinfurt, allda neu revidirt und verbessert, gedruckt durch Morich 1780. 353 S. 4." — also eine **Policiverordnungssammlung**, gedruckt in demselben Jahr, in welchem der bereits gefeierte Dichter Werthers und Götzens seine italienische Reise schrieb; doch welch ein Contrast der Weltanschauung und des Stiles! Fast ein Viertel des Buches nimmt Feuer-, Sturm-, Feld-, Weinbergs- und Almosenordnung ein; in letzterem Betreff sollen Landstreicher, die sich selbst Bettelbriefe machen, wohl unterschieden werden von wirklich Armen, als da sind „Abgebrannte, Convertiten, Studenten, verunglückte Edelleute, Offiziere und arabische Prinzen (?!)." Nach der Gottesdienstordnung darf **nur die Lutherische Lehre hier geduldet werden**; Tanzmusiken am Sonntag sind nicht erlaubt, Besuch von Jahrmärkten ist nur als leidiges Uebel geduldet; ledige Leute müssen nach der Betglocke zu Hause sein; Zauberern, Wahrsagern, Zeichendeutern und ihrer Sippschaft wird mit Pranger, Thurm, Auspeitschen, nach Umständen mit dem Tod gedroht; wer Gott mit Worten seine Ehre abschneidet, hat Strafen vom Gefängniß bis zum Abhauen eines Gliedes zu gewärtigen; wer mit Seelenverpfändung, ewiger Verdammniß, oder gar Teufelholen sich vermißt, wird, ist's ein Erwachsener, mit Pranger, Halseisen, Kirchenbuße bestraft. Um dem einreißenden Luxus zu steuern, ist die ganze Bürgerschaft in vier Classen getheilt, und der Aufwand auf Hochzeiten, Kindtaufen, Leichen und auf Frauenschmuck scharf begränzt*); die höchste Zahl der einzuladenden Personen in jeder Classe (50, 40, 30, 20), die Zahl der Schüsseln, die Zeitdauer darf bei schwerer Geldbuße nicht überschritten werden, nur die erste Classe darf zur Kirche fahren und später Musik halten. Einem Bürger zweiter Classe wird es gegen eine Buße von 20 Gulden verstattet. Die Frauen dritter Classe (Künstler, Handwerker, Schenkwirthe, Dorfschulzen und Dorfschullehrer) dürfen Seidentücher oder Spitzen nicht tragen, auch geschenkte nicht annehmen. Handwerksgesellen dürfen auch bei Festgelegenheiten keinen Degen tragen, wohl aber „Buchdrucker, Apotheker, Kaufleute, Goldschmiede, Barbierer, Perückenmacher und andere solche Künstler." Mistjauche darf erst Nachts um 9 Uhr auf die Gasse laufen; wer am Kirchhof Schweine hält, darf sie nicht mehr vor dem Hause wühlen lassen, bei Strafe von 17 Bazen. Auch der Wagzwang (§. 43) ist in der Polizeiordnung gesetzlich ausgesprochen. Bsch. S. 58 ff. führt noch 82 gedruckte Polizeiverordnungen und Justizbestimmungen des Raths aus den Jahren 1543—1795 an. Aber konnte wohl der Rath allen diesen und ähnlichen Bestimmungen, namentlich ubeen den einbringenden neu französischen Ideen Geltung verschaffen? In den Rathsprotocollen der letzten 20 Jahre kommen wenigstens manche der verpönten Uebertretungen gar nicht mehr vor; und endlich bleibt auch das Strafmaß theils weit hinter den gesetzlichen Normen zurück, theils ist man erfinderisch in ungesetzlichen Strafen.

§ 18. Von Procuratoren und Advocaten.

Jeder von der Universität zurückkommende Rechtscandidat wurde sofort zur Procuratur zugelassen, d. h. er durfte mit mündlichen Aufträgen vor dem Amtsträger oder vor dem Rathe erscheinen. Erst, wenn er advociren, d. h. selbst Schriften fertigen, wollte, mußte er sich einer Prüfung vor

---

*) Vornehme Kaufleute und Oberoffiziere der Miliz gehören in die zweite Klasse, Rector, Conrector, Rathsactuar und Canzlisten in die erste.

einigen Senatoren und vor den Consulenten unterziehen; doch erinnert man sich kein Beispiel, daß diese Prüfung eine Versagung der Admission zur Advocatur nach sich gezogen hätte. Sixt war noch nicht 22 Jahre alt, als er 1792 als wohlbestandener Candidatus in's Advocatengremium aufgenommen wurde. Unter solchen Umständen war es möglich, daß 1802 Molitor 14 Procuratoren und 20 Advocaten vorfindet, die hier beim Rathe, bei den Rittercantonen und in würzburgischen Aemtern practicirten. Dabei bestand seit 1748 eine jetzt lächerlich geringe Taxe. Arme erhielten ebenso wie jetzt einen Offizialanwalt. Gegen freche oder muthwillige Procuratoren oder Advocaten konnte bis zu 3monatlicher Suspension vorgeschritten werden. Bei der eben nicht neidenswerthen Stellung der Anwälte ließen sich Ungebührlichkeiten und Mißbräuche unter ihnen voraussehen und der Rath eifert öfters gegen dieselben, z. B. in einem 1793 gedruckten Decret. Molitor meint, Kurbaiern*) solle diese Herren sämmtlich in Würzburg einer Prüfung unterwerfen, wodurch die Fähigeren ihre Existenz in weiterem Kreise verbessern, die Unterthanen aber von einer Menge unwissender Anwälte befreit sein würden, denen dann nur die Praxis in der Stadt zu belassen sei bis zu ihrem Absterben.

§ 19. Justiz und Polizeijustiz. Formelles.

Schon aus der erwähnten Polizeiverordnungssammlung läßt sich schließen, daß die Grenze zwischen Justiz und Polizei nicht nach jetzigen Normen gezogen war. Curatelsachen, Kaufverträge ressortirten zur Polizei. Wichtige Civilprocesse und strafrechtliche Fälle wurden dem Oberamtsbürgermeister zuerst angemeldet, der sie an eine besondere Rathsdeputation verwies. Diese, im Concurs- oder Executionsproceß Helfamt genannt, bestand aus den zwei jüngsten Rathsgliedern und einem Canzlisten. Ob diese Herren die nöthige Bildung besaßen, ob die erforderliche Umsicht bei Erforschung des Thatbestandes eines Verbrechens, fragte sich nicht. Der Platz im Rath bestimmte den Wirkungskreis, ein Consulent wurde nicht beigegeben.

---

*) Sic! Die Schreibweise Bayern ist erst seit 1825 eingeführt.

Lange Protocolle, oder gar Actenfascikel gab's dabei nur sehr
selten. Der Befund der Untersuchungen, die Resultate etwaiger
weiterer Erhebungen wurden im Rathsplenum, nicht etwa in
gesonderten Senaten, vorgetragen und Beschluß gefaßt. In
Streitgegenständen unter 200 fl. Werthes besaß der Senat
durch ein Decret Kaiser Maximilians II. (1570) das privilegium de non appellando. In wichtigen Streitsachen vermö-
gender Partheien konnte jede derselben nach geschlossener Untersuchung auf Actenversendung antragen. Die Wahl des
Spruchcollegiums hatte der Rath, die dann meist auf Altdorf,
Erlangen, Helmstädt, Göttingen oder Jena fiel. Zwei derselben konnte jede Parthei sich verbitten. Die Expedition besorgte gegen eine Taxe von 6 Thalern der zweite Bürgermeister.
Das so verführte Actenconvolut kam seiner Zeit mit dem Spruch
zurück in die Hände eines Consulenten zum Vortrag im Rathe.
Hatte nun dieser (§ 13) auch nur berathende Stimme, so wurde
doch sein Votum von allen 16 Votanten in der Regel nach-
gesprochen und zum Beschluß erhoben, den nur das Reichskammergericht aufheben konnte, jener Olympus der Pro-
cesse, in dem die Unsterblichen wohnten. Für diesen Fall wurden dann dem Appellanten Aposteln (litterae dimissoriales)
gegeben und die Acten ausgehändigt. Was man vom Arzte
verlangt, juste, jucunde, cito curare, das leistete im Allgemeinen die hiesige reichsstädtische Justiz namentlich im letzteren
Punkte. Die kleinlichen, stadtbürgerlichen Verhältnisse, die fast
insularische Abgeschiedenheit von der nächsten Grenznachbarschaft
gab überhaupt keine Veranlassung zu verwickelten Rechtsstreitigkei-
ten, so daß hier wenigstens die angefochtene Behauptung eines ge-
feierten Prozessualisten sich als wahr erweist, eine geringe Zahl von
Prozessen sei Beweis eines wenig belebten bürgerlichen Ver-
kehrs. — In Ehestreitigkeiten (hier Unehesachen genannt) hatte
das Scholarchat die Voruntersuchung und erste Instruction,
referirte dann an den Rath und dieser gestattete schlüßlich der
Geistlichkeit belehrenden und warnenden Einfluß. Gehörten
die streitenden Eheleute unter die hervorragenden Familien,
so wurde bei letzter Beschlußfassung das ganze sogenannte
Ministerium (Oberpfarrer mit seinen vier Amtsbrüdern) zu
Rathe gezogen. Nur diese Unehesachen hatten durch die man-

cherlei nicht selten gefährlichen Sühneversuche einen öfters in's zweite Jahr sich dehnenden Verlauf; auch Prioritätserkenntnisse ließen Monate auf sich warten. Besonders prompt erwies sich der Rath, wenn er in peinlichen Fällen zu Gericht saß. Den Blutbann besaß Schweinfurt schon von Karl V., konnte ihn aber Würzburg gegenüber nur schwer geltend machen; doch 1618 gab auch der Fürstbischof Johann Gottfried (von Aschhausen) darin nach. EU. Bd. II., Nr. 136 u. 155 (bei MH. ist S. 357 ist dieser Punkt vergessen). In gesetzlich maßgebender Geltung war hier die Karolina und die Poenalordnung des fränkischen Kreises von 1732, aber in den Sitzungsprotokollen des 18. Jahrh. wird darauf nirgends Rücksicht genommen. Die Strafprocesse dieser Zeit sind summarisch, die Entscheidungen patriarchalisch-arbiträr. Aktenversendung in peinlichen Fällen kommt zuletzt 1731 bei Kindesmord vor. Das Spruchcollegium zu Altdorf erkannte auf den ersten Grad der Tortur*). Dem hiesigen Rath mißfiel der Spruch; er wendete sich deßhalb nach Gießen. Ueberhaupt findet sich, soweit ich die Rathsprotokolle des vorigen Jahrhunderts durchblättert habe, die Tortur nur in Form von Stockprügeln, hier Böllerer genannt, und fast scheint es, als habe man schon vor Beccaria (dei delitti e delle pene Nap. 1764) in dessen Geist über Tortur und Todesstrafe gedacht, denn auch letztere wurde 1737 hier zum letzten Mal vollzogen; 1748 wurde die Scharfrichterstelle aufgehoben. Obwohl 1679 eine Taxe für die verschiedenen Dienstleistungen erschienen war, unter denen außer der Tortur das Rädern, Verbrennen, Grei-

---

*) In den hiesigen Rathsprotocollen kommt wenigstens die Criminalproceßordnung der Maria Theresia (vom J. 1769, mit 45 Kupfertafeln, Torturarten versinnlichend) nie vor. In Frankreich wurde die Tortur 1780 abgeschafft. In Baiern war noch 1804 eine Eingabe Feuerbach's „zu gnädigster Erwägung" beim Kurfürsten Max erfolglos. Erst 1806 hatte ein umständlicher Vortrag Feuerbachs beim König Max die bezweckte Wirkung. Und doch hält schon 1751 Kreittmayr die Tortur für „gefährlich und trüglich." Aber „sie ist eben bei uns in Baiern seit 1000 Jahren eingeführt."

fen mit glühender Zange, Ohrenabschneiden, vorkommen, so wurde doch nur zweimal später die Todesstrafe geschärft, 1708 durch vorhergehendes Reißen mit glühender Zange wegen Unzucht und Kindesmord und 1724 durch Abhauen der rechten Hand wegen Todschlags im Raufhandel.

Neben der Justiz im engeren Sinne war hier, in ihren Strafwirkungen nicht sehr davon verschieden, die „Polizeijustiz" thätig (Rb. p. 225). In geringfügigen (??) Processen und in Polizeisachen war der Unterbürgermeister, Polizeiherr, eine eigene Instanz. Protokolle wurden dabei gar nicht geführt, nur in ein in Oktav gebundenes Buch wurden polizeiliche Vormerkungen und Anträge von Partheien kurz eingetragen, aber meistens ertheilte der Polizeiherr stans pede in uno mündlichen Bescheid. Für Ueberschreitung der Lebensmitteltaxen, Verunreinigung der Straßen, Sexualvergehen bestand ein „Polizeigericht," bestehend aus den jüngsten Gliedern des Consulats, des Scabinats, des Innern und des äußeren Rathes und des Achterstandes, die unter Beiziehung eines Consulenten und eines Aktuars sich versammelten, so oft Stoff da war. Die bei der Justiz und Polizei üblichen Strafen waren Böllerer, Geldbußen, Straßenarbeit oder Schanzarbeit auf einige Wochen unter der Zucht des Möblermeisters, Arrest in den Stadtknechtshäusern, in der Schnecke, in der rothen oder (schimpflicheren) blauen Kappe *), oder im schwarzen Keller unter dem Rathhause; Standesperfonen saßen ihre Strafe im Studentenstüblein im Rathhause ab; geschärft wurde der Strafarrest durch Anlegung von Beinschellen oder durch Anschließen an den Block. Dorfbewohner wurden in den „Gehorsam" gesperrt. Ausstelluug im Halseisen oder im Schnabel, einer lächerlichen Gesichtsmaske, der Triller, Tragen des spanischen Mantels, der Geige — lauter Dinge, von denen PV. nichts weiß — fand noch in den neunziger Jahren öfters statt. Langjährige Freiheitsstrafen kommen nur zweimal vor; 1737 wurde ein Brandstifter „gegen jährliche Vergütung"

---

*) Zwei Thürme, so benannt von ihrer Ziegel- oder Schieferbedachung, dieser in der Nähe der jetzigen Lohmühle, jener an der Fischerpforte, beide 1852 beim Eisenbahnbau abgetragen.

ins Zuchthaus nach Nürnberg verschafft; ebenso wurde ein Wilddieb, der den Flurer lebensgefährlich verwundet hatte und von einer Juristenfakultät zu lebenslänglichem Zuchthaus verurtheilt worden war, gegen Einsendung von 50 Rthlr. 1745 in eine solche Anstalt in Bayreuth aufgenommen. Die Stelle des Arbeits= oder Zuchthauses vertrat hier der Strafdienst unter österreichischem oder preußischem Militär, von 6 Jahren bis auf Lebensdauer. Das vom Werber (§ 4 und 47) bezahlte Handgeld deckte theils die Untersuchungskosten, theils fiel es an die Reliften. Auch Verbannungsurtheile wurden oft gegen Stadtbürger oder deren Angehörige ausgesprochen auf Zeit oder auf Lebensdauer. War der Gebannte ein Handwerker, so trieb er sein Geschäft im Ausland Sennfeld oder Niederwerrn.

§ 20. Materielles.

Leider kann nicht in Abrede gestellt werden, daß bei Straferkenntnissen und bei Ausmessung der Strafen die reichsstädtische Justitia nicht eben gleiches Gewicht und Maaß anwendete bei Eingebornen und Fremden, bei Reichen und Armen, bei Rathsverwandten, gemeinen Bürgern und bäuerlichen Unterthanen. Die sittenpolizeilichen Verordnungen über Sexualvergehen stehen PV. p. 170—182. In Vollziehung derselben wurde aber viel willkührlich dazu und davon gethan und Ansehen der Person geübt. Die Verordnung bewegt sich hier nur zwischen Kirchenbuße (mit 10 Gulden ablösbar) und mehrwöchentlicher Gefängnißstrafe im gelindesten, Staupbesen und lebenslänglichem Exil im schwersten Fall (Doppelehebruch). In der Praxis wird noch im letzten Jahrzehnt dekretirt Kirchenbuße an der Kirchthüre, in der Kirche an besonderem Platze, in gewöhnlichem Stande, auch letztere nur mit 20 Gulden ablösbar, Chausseearbeit oder Schanzarbeit unter dem Mödlermeister, Arbeit im Spinnhaus, zeitweise an das Bloch angeschlossen, Relegation, Verkauf des Fornikators an den Werber auf 8—12 Jahre. Die Anticipatio concubitus wurde von kürzlich Vermählten mit 40 fl. gebüßt und dem Oberpfarrer wird kontrollirende Buchführung und

Anzeige befohlen *). Von diesen Strafen wurden immer mehrere zugleich gegeben, nach Umständen aber verlief auch der ganze Polizeistrafproceß im Sande, weil der Herr Procurator . . . . . **) mit mehreren des Raths verfippt war. Bürger . . . . wird 1789 wegen losen Maules mit viertägigem doppelt geschärftem Dunkelarrest („schwarzer Keller" unter dem Rathhause) bestraft, dann auf acht Jahre dem preußischen Werber übergeben, die Frau kommt in's Pfründnerhaus. Das Gesetz (PV. p. 168) bestimmt für diesen Fall bloß Geldstrafe oder dafür mehrtägige Gefängnißstrafe und Abbitte. Drei Bauernbursche aus Oberndorf werden wegen einer Prügelei (ohne länger andauernde Folgen) zuerst von Herrn M. Bach im Katechismus unterrichtet und confirmirt, Tags drauf „ausgespeckt" mit dem Ochsenziemer und schlüßlich dem östreichischen Werber zu 14 jährigem Dienst übergeben. Herr Conditor . . . . prügelt erst den Thorwachposten, dann den Feldwebel. Als der Herr Unterbürgermeister selbst sich zu Herrn S. begibt, heißt er diesen einen dummen Jungen, weil er einen Bürger in Arrest bringen will. Rathsbeschluß: acht Tage Hausarrest. — Von zwei bäuerlichen Raufern zahlt der Eine 10 fl. Strafe, 5 fl. Schmerzengeld und die Kurkosten; sein Gegner, arm, wird nach der Heilung mit viertägigem Dunkelarrest bestraft. — Ein städtischer Zöllner mißhandelt einen sächsischen Fuhrmann barbarisch, zahlt also dafür 4 fl. Brüche, 1 Rthlr. Schmerzengeld und die Kurkosten. — Ein Urkundenfälscher

---

*) „Ein Frühauf" notirt bei dieser Gelegenheit der Oberpfarrer zum Namen eines jetzt geachteten Bürgerdignitärs. — Wenn 1792—1802, nach Ausweis des Kirchenbuchs, die Zahl der Sexualvergehen 3⅐ Proz. beträgt, 1850—1860 dagegen 21 Proz., so erscheint das Anwachsen der Zuchtlosigkeit allerdings erschreckend; aber a) vor 60 Jahren konnte jeder Bürgerssohn mit 24 Jahren heirathen, Studirte sogar noch früher; auch Trauung ohne Aufgebot wird leicht genehmigt; b) Fremde lebten nicht hier; auch alle Bedienstete waren hiesige; c) große Fabrikthätigkeit hat ein Proletariat gezogen; d) Gravirte machten sich schon der Strafen wegen wo möglich rechtzeitig aus dem Staube.

**) Namen müssen wegbleiben wenn Verwandte noch hier leben.

(Bürger) wird 1791 dem preußischen Werber zu achtjährigem Dienste übergeben. — Ein Schutzverwandter wird 1792 wegen Verdachtes von Rübendiebstahl mit doppelter Schärfung ins Stadtknechthaus gesetzt, leistet dann das Reinigungseid und wird nun als feldgefährlich für immer relegirt. Ein Anderer „muthmaßlicher" Feldbieb wird 1793 erst inquirirt; als er von seiner Schuldlosigkeit spricht werden ihm 12 „Böllerer" aufgezählt, damit er gestehe; als auch dies nichts hilft, werden ihm die Böllerer als Strafe angerechnet, er selbst wird dem Werber übergeben und vom Handgeld werden die Kosten abgezogen. Um dieselbe Zeit wird ein überwiesener und geständiger Traubendieb (Kaufmannssohn) nur mit 5 fl. angesehen, aber eine Traubendiebin (Taglöhnerstochter) wird mit dem Halseisen ausgestellt, und ihre Kameradin, die von den Trauben gegessen, wird um 5 fl. gestraft. — Eine Feldbiebin (Häckersfrau) wird 1795 mit 5 Wirsinghäuptern auf dem Rücken, einer Schandtafel auf der Brust und einem Säcklein Kartoffel unter dem Arme von 2 Bütteln eine Stunde lang durch die Stadt geführt. — Ein Gerstenbieb (Lehrling) soll dem kaiserlichen Werber übergeben werden. Da er diesem zu schwach erscheint, so wird ihm „16 mal der Ochsenziemer auf offenem Markt angemessen," dann wird er „zum Gesellen gesprochen und auf 5 Jahre in die Fremde geschickt." Noch in den 80ger Jahren ragte von der Staubbrücke aus eine Maschine in den Main hinaus, der Naschkorb genannt, in dem Feldbiebe erst gewippt, dann in den Main getaucht wurden (PV. p. 311 ff). Eine Bürgersfrau hat der Nachbarin Mehl und Fleisch entwendet; es werden ihr vor dem Rathhaus 10 Streiche auf entblößten Rücken mit dem Ochsenziemer applicirt, dann wird ihr eine Tafel mit der Aufschrift „Mehl- und Fleischdiebin" um den Hals gehängt, und zwei Stadtknechte führen sie so eine Stunde durch die Hauptstraßen und nehmen zuletzt mit noch 6 Streichen vor ihrem Hause von ihr Abschied. Dieselbe Behandlung erleidet eine Magd, die auf ihres Herrn Namen geborgt hat. Wegen gleichen Vergehens zum Nachtheil des Meisters wird 1790 ein Lehrling mit zwei Stunden Dunkelarrest bestraft. — Der Zinswucherer verliert 1790 den vierten Theil des Capitals. — Ein zwölfjähriger Knabe stiehlt 1793 sechs

Schillinger; er erhält 15 Stockstreiche und muß „auf unbestimmte Zeit im Spinnhause arbeiten an einem Blöchlein angeschlossen." Der Schneider und Pfandamtsständler . . . betrügt das Pfandamt um mehrere 100 Gulden; er muß Ersatz leisten so weit sein geringer Haushalt reicht, und damit ad acta! denn der Unterschleifer war mit 2 Rathsgliedern nahe verwandt. — Im Jahr 1792 legte der Obereinnahmsadjunkt, einer im Herrenkreise verzweigten Familie angehörig, bei der Rechnungsablage seinen Baarbestand auf die Rathstafel. Als aber Herr Senator Krackhardt seiner Gewohnheit gemäß mit den Rollen spielte, fanden sich in denselben nur leichte, runde Hölzer. Dem Herrn Adjunkt wurde sofort sehr unwohl und die nun in seiner Abwesenheit angestellte Untersuchung ergab einen Defekt von 500 Gulden. Der Inculpat konnte wegen Krankheit nicht erscheinen, trat auch durch schriftliche Erklärung vom Amte ab, die Verwandten erlegten die Summe und die Untersuchung, die man bis in's Jahr 1796 verschleppte, wurde niedergeschlagen, „weil Herr . . . . sich in den letzten Jahren so gar fleißig mit Einbinden alter Rathsrechnungen beschäftigt hat." — Auch aus der peinlichen Rechtspflege enthalten die Rathsprotocolle wundersame Geschichten. Herr Scabinus Götz zeigt 1790 bei Rath an, seiner Schwester Kind sei vom leiblichen Vater Simon Friedrich H. so geschlagen worden, daß es an der Mißhandlung gestorben sei. Beschluß: Die Sache hat auf sich zu beruhen und Herr Scabinus Götz hat als Angeber die Protocollkosten zu zahlen. Von einem Verhör des Inculpaten, von einer Leichenschau kein Wort; ja vier Wochen später klagt H. auf Verläumbung. Nun schläft die Geschichte ein; RP. 1790, p. 479 ff. Kaufmann B. verwundet (16. Okt. 1795) seine Frau lebensgefährlich durch einen Messerstich in die Brust, muß dafür 4 Tage Arrest im Stadtknechtshaus aushalten und 20 Rthlr. Strafe zahlen. Am 8. Sept. 1795 geschieht Anzeige, daß die Frau des Weinbergmannes B. an Gift gestorben sei; der Gatte wird als verdächtig eingezogen, wird geständig und schon am 28. Dez. ist Untersuchung und Urtheil fertig. B. erhält öffentlich 40 Ochsenziemerstreiche, verliert das Bürgerrecht, sein Vermögen fällt zum Theil für Untersuchungskosten in den Stadtfiscus, zum

Theil an seine Kinder; er selbst muß nun Urphede schwören und wird schlüßlich dem östreichischen Werber übergeben zu lebenslänglichem Dienst an der türkischen Gränze.

Keines dieser Straferkenntnisse gründet sich auf die Ordnung von 1780, oder auf die Pönalordnung, nirgends achten es die Protokolle für der Mühe werth, Entscheidungsgründe anzuführen. Solche launenhafte Willkür überstieg endlich die Geduld auch der Reichsbürger. Schon 1792 gaben die Achter und die Handelsvorsteher eine Collektivvorstellung ein, 28 Gravamina enthaltend gegen mißbräuchliche Verwendung städtischer Gelder, Amtsmißbrauch überhaupt, Polizeiunfug und Unjustiz. Eine Commission sollte den Grund der Beschwerden untersuchen, blieb aber lahm und stumm. Auf eine erneute Klagschrift antwortet der Rath sehr betrübt über neufranzösische revolutionäre Gesinnung der Volksvertreter, verspricht Abhülfe der allerdings zugestandenen Mißbräuche, doch bleibts, wie die erzählten Thatsachen beweisen beim Alten. Besonders als 1793 ein neuer Antrag aus Wien, das Reichskammergericht hierher zu verlegen, wiederum (wie schon 1692) abgewiesen wurde, erschienen wiederholte beißende Maueranschläge. Die Bürger hatten durch nothwendige großartige Neubauten, durch Einziehen einer neuen reichen Bevölkerung Verbesserung des gesunkenen Nahrungsstandes davon gehofft; der Rath indeß fürchtete neben den vornehmen Gliedern des höchsten Reichsgerichtshofs zu sehr in Schatten zu treten, vielleicht zur Nullität herabzusinken und wehrte in kläglichem Tone die neue Ehre von der armen Stadt ab. Die für Entdeckung der Maueranschläge ausgesetzten Preise wurden durch neue Pasquille beantwortet und der geängstete Rath giebt zu, daß es allerdings sehr an Einhaltung der Gesetze gefehlt habe. Nahe Abhülfe wurde in Aussicht gestellt. Allen diesen Zwistigkeiten machte natürlich die Erscheinung Jourdans und seiner Neufranken 1796 ein Ende; doch einen geordneten Rechtszustand hat erst die Monarchie (Baiern 1802—1810, Großherzogthum Würzburg 1810—1814 von da an wieder Baiern) hergestellt.

§ 21. Präventiv=Polizei.

Das nächste Ziel derselben ist immer und überall Sicherung der Person und des Eigenthums. Zu diesem Zweck unterhielt der Rath besonders die Stadtmiliz, welche Thore und Hauptwache besetzt hielt und zur Nachtzeit patrouillirte. Als 1791 20 Mann östreichische Truppen ohne geziemende Anmeldung Nachts die Stadt passirten, wurde den Thorwachen diese nur durch ihre Unachtsamkeit oder Feigheit mögliche Verletzung der städtischen Souveränetät hart verhoben. Nur nach gehöriger Anmeldung und dann unter Vortritt und Aufsicht eines hiesigen Gefreiten soll solche Soldatesca die Stadt passiren. Bei Tag durchwanderten 2 Polizeidiener die Straßen; während des Gottesdienstes hielten 3 Rathsdiener Ordnung in der Kirche. Die Stadtthore waren im Winter von Abends 8 Uhr, im Sommer von 11 Uhr an bis Tagesanbruch geschlossen*), so daß selbst das später kommende Postfelleisen nur mittelst einer Maschinerie über den Stadtgraben zur Expedition befördert wurde. Von 6 Nachtwächtern thaten je zwei den Dienst als Uhrenschreier und Pfeifer, und auf 7 Thürmen bliesen Wächter, Provisoner genannt (auch die Thorwarte hießen so), die Stunden aus und vigilirten auf etwa ausbrechendes Feuer. Feuerordnung (PV. p. 11—38) sowie Löschgeräthe (11 Spritzen mit „hänfernen" Schläuchen, (anderorts noch weit später unzweckmäßige lederne) und Baupolizei waren für jene Zeit vortrefflich. Doch wurde Nachlässigkeit, durch die ein Brand entstand, nicht bestraft, damit nicht durch Verheimlichung des noch kleinen Feuers größerer Schaden erwachse. Eine Brandassecuranzanstalt bestand hier zwar nicht, aber die Versicherungssumme der hiesigen öffentlichen und Privatgebäude betrug 898724 fl., also über 11 Millionen unseres Geldes. Der zeitweise Umgang

---

*) Erst 1843 erfuhr man hier, daß die Thore nur in Festungen Nachts geschlossen, in andern Städten Bayerns aber dem Verkehr solche Hemmnisse nicht bereitet werden dürfen. Noch etwa 1840 mußte ich, um aus einer Vorstadt zu einer Apotheke zu gelangen, mühsam über Pallisaden steigen, weil der Thorwart nicht wach zu rufen war. —

(= Untergang §47) sollte Gefahren der persönlichen Sicherheit, Bauschäden, Unschönes, Belästigendes beobachten und deſſen Abstellung beantragen. Ohne vorhergehende Vorlage von Bauplänen durfte ſchon damals nicht gebaut werden und die Einhaltung des Planes überwachte der Möblermeiſter. Klopfende und übelriechende Gewerbe durften nur in den Nebenſtraßen ausgeübt werden. Wie jetzt und in demſelben Umfang lag die Geſundheitspolizei in den Händen des Phyſikus. Doch „will der Rath ſtille zuſehen, daß ein rathsverwandter Metzger räudige zur Nachtzeit eingeführte Hämmel ſchlachtet, wenn's nur der Herr Phyſikus nicht erfährt." Dagegen wurde ein quackſalbernder Bürger auf Antrag des Phyſikus mit ewiger Verbannung beſtraft, und ſeine Familie im Waiſenhaus untergebracht; unreifes Obſt wurde in den Main geworfen. Die Kuhpockenimpfung war zwar nicht zwangsweiſe eingeführt, doch wurde ſie von jüngeren Aerzten oft vollzogen. Die Obliegenheiten und Rechte des Sanitätsperſonals waren ausgeſprochen in der „Medizinalordnung des heiligen Römiſchen Reichs freien Stadt Schweinfurt nebſt beigefügtem Tax. Schweinfurt 1758. 4."

Der Gottesacker — innerhalb der Stadt, noch dazu an der Südweſtſeite, die der Stadt die regelmäßigen Winde zuſchickt, ſo klein, daß es nicht erlaubt iſt, einen Grabesraum für die Dauer des Daſeins von Erbberechtigten zu kaufen, ſo daß demgemäß Kinderleichen ſchon nach 8, Erwachſene ſchon nach 14 Jahren ausgegraben werden, und daß nach 15 Jahren niemand ſeiner Eltern Grab mehr findet — galt 1803 für „wohl gewählt" (Bundſchuh) „doch wäre zu wünſchen, daß die Zugänge ſeelenerhebender wären und daß die Grabſtätten ſelbſt würdiger erinnerten an unſere großen Hoffnungen." Das Sanitätspolizeiwidrige, (jetzt erſcheint der hieſige Leichenhof wohl als Curioſum einzig in ſeiner Art in Städten) den Widerſpruch gegen uralte, fromme Sitte (1. Moſ. 23; 49; 29—31) fühlte Bundſchuh noch nicht*). — Zur Regulirung

---

*) Urſprünglich umgab der Leichenhof die Stadtpfarrkirche; 1554 wurde er auf den jetzigen Platz, Carmeliterhof, verlegt. Als derſelbe bei der großen Seuche 1635 nicht ausreichte, wurde am

der Lebensmittelpreise bestanden in einer Zeit, in der wegen mangelhafter Communicationsmittel Fruchtwucher ausführbar war, mancherlei für Käufer und Verkäufer veratorische Ordnungen. Brod-, Fleisch- und Lichterpreise regulirte das Stadtgericht (§ 16); seit 1799 war auch das Bier einer Taxe unterworfen. — Die geistige Nahrung der Bürger unterlag ängstlicher Censur. Der Buchhändler Riedel, auf dessen Lager sich schlüpfrige Bücher vorfanden, mußte binnen 3 Monaten die Stadt und deren Gebiet meiden. Besonders bedenklich erschien dem Rath 1796 des Archidiakonus Bundschuh journalistische Thätigkeit. Angeblich Alters halber, in der That aber wegen Bundschuh's fränkischem Mercur legte Consulent Merck sein Censoramt nieder und weil kein Rathsherr in der bedenklichen Zeit die Function übernehmen wollte, wurde sie mit neuen, strengen Instructionen dem Revisor Stolle übertragen; für jeden Bogen hatte Bundschuh dem Censor 20 Kreuzer zu bezahlen und im geheimen Rath erhielt der „Pfarrherr Verwarnung nichts Unsittliches oder Revolutionäres „drucken zu lassen, um dem Rathe nicht Verlegenheiten zu be„reiten." Doch erhielt sich Bundschuh's Journal von 1794— 1801. Die Bürgerschaft mußte schon 1793 von der Kanzel verwarnt werden vor Diskursen über die Kriegsläufte. — Die Gewerbspolizei, auf das Reichsgesetz von 1731 fußend (§ 9), bewegte sich noch in starren und wunderlichen Formen. Aber der Rath (Rb. p. 220 ff.) erkannte schon 1803, daß Reformen nothwendig und möglich seien, wenn es sich auch damit verhalte, wie mit dem polnischen Weichselzopf, den man nicht auf einmal rasch abschneiden, doch durch gegebene Mittel allmählich beseitigen könne. — Daß in einer Stadt, in der ein eigner korporativ geschlossener Bauernstand besteht, die Feldpolizei eine hervortretende Wichtigkeit hat, liegt in der Natur

---

9. Okt. 1635 der vor dem Spitalthor eingeweiht, bald aber wieder mit dem bisherigen vertauscht. Als derselbe 1805 polizeiwidrig und unzureichend erschien, bezog man wieder den Platz vor dem Spitalthor am Hornpfad, um ihn als zu naß auch sofort wieder mit dem Carmeliterhof zu vertauschen. Die neuere Geschichte erzählt wieder von Mißgriffen.

der Sache. Mit großer Weitläufigkeit werden (PV. p. 60.ff. Feldordnung) die Steinsetzer zur Flurgränzbestimmung instruirt. Die Bestellung des Feldes selbst war durchaus nicht der Willkür überlassen, sondern jeder Besitzer war zu „flürlichem" Baue verpflichtet. Detaillirte Ordnungen f. PV. p. 68—128. Ueberdieß erschien schon 1770 eine besondere gedruckte „Verordnung ꝛc. wegen der Gemeinhut" (16 S. 4.).

An all diesen Satzungen hatte indeß die Zeit leise zwar, doch unwiderstehlich ihren auflösenden Einfluß geltend gemacht. Die vollziehende Gewalt selbst war oft schwankend über die Haltbarkeit eines Statuts, oft überschritt, oder übersah sie dasselbe absichtlich und erhöhte durch diese täppische Unsicherheit das Mißtrauen der Regierten. Der laut werdenden Unzufriedenheit derselben suchte man 1800 noch dadurch zu begegnen, daß aus dem Achterstande zwei Anzeiger bestellt wurden, die dem Rathe Polizeimißbräuche und Justizverbrechen, die bei der Bürgerschaft Anstoß geben, dienstlich melden sollten.

§ 22. Finanzwesen im Allgemeinen.

Es erscheint als Besonderheit, wenn im Augenblick noch in hiesiger Stadt die Rede ist von einem Kirchen= und Schulamt, einem Forstamt, einem Bauamt, einem Pfandamt u. s. w. wenn nämlich darunter Functionen einzelner Magistrathsräthe verstanden sind, die in solcher Ausscheidung im Gemeindeedikt nicht vorkommen. Jene Titel haben sich aber aus der republikanischen Zeit durch die darauffolgende Municipalverfassung bis in die jetzige constitutionelle Gemeindeverfassung herüber vererbt. Die Republik Schweinfurt bedurfte nämlich als kleiner Staat zur Bestreitung der Gemeindebedürfnisse ständiger Zuflüsse, deren Regulirung und Verwendung je zwei Herren des Raths oder des Zusatzes oder des Achterstandes in der Art übergeben wurden, daß der erstere blos controlirend beaufsichtigte, der zweite aber die eigentliche Rechnungsarbeit besorgte. Solche Functionen führten den Titel eigner Aemter. Die meisten Herren wirkten in mehreren Aemtern zugleich, die einen freilich kleinen Gehalt und einige Schlämpchen abwar=

fen. Die älteren Rathsglieder waren dabei natürlich besser bedacht, als die jüngeren. Die Vertheilung der durch Tod oder Promotion erledigten Rathsämter erfolgte durch Abstimmung am ersten Sitzungstag nach St. Luciä. Jedes Amt verwendete seine Renten zu bestimmten Zwecken und lieferte den etwaigen Ueberschuß an die Centralkasse, Obereinnahme genannt, ab (§ 45) und legte dann Rechnung (§ 14). Mehreren Amtsträgern, hier Amtsverweser genannt, aber ohne den jetzt daran haftenden Nebenbegriff des Interimistischen, Provisorischen, mußten aus der Obereinnahme (Stadtkämmerei) Zuschüsse gemacht werden, weil die Einnahmen derselben für die Bedürfnisse nicht ausreichten. Die Finanzlage der Stadt selbst muß vor Ausbruch der französischen Revolution günstig gewesen sein. Nach 1789 leiht die Obereinnahme Gelder aus gegen hypothekarische Versicherung. Dagegen weiß Molitor Mr. B. p. 3 von 318468 Gulden städtischer Schuld, vgl. § 56 a. E.

§ 23. Die einzelnen Aemter.
Das Bedamt.

Die Bede (so schreibt wenigstens Jakob Grimm das Wort) kommt schon in Frieß würzb. Chronik vor, wo Bischof Gebhardt 1376 eine Bede ausschreibt, was der Chronist mit Landessteuer erklärt. In Schweinfurt war die Bedsatzung eine seit unvordenklicher Zeit bestehende Abgabe auf Hausbesitz, Grundbesitz und Gewerb und schon 1362 wurden kraft kaiserlichen Privilegiums die schwer gebüßt, welche wegen „Bede und Steuer" falsch schwören. Mißlich war dabei der völlige Mangel an Feldkarten, Urbarien, Saal- und Lagerbüchern. Alle 3 Jahre wurde eine Rathsdeputation niedergesetzt, die jede einzelne Besitzung, den Ertrag jeder Werkstätte oder Handlung ermitteln sollte, aber grobem Betrug ausgesetzt war, oder nach Umständen diesen auch selbst unterstützte. Bei Festsetzung der Bede für 1801—1803 incl. wurden folgende Bedsimpla bestimmt:

Ein Haus mit Hintergebäude in Hauptstraßen	3 fl. — 6 fl.	⎫ Haussteuer jetzt v. 18 kr. bis zu 11 fl. in simplo steigend.
Ein Haus außer den Hauptstraßen	2 fl. 7 kr. — 3 fl.	
Ein Bürgerhaus ohne Scheuer	1 fl. 7 kr. — 2 fl. 14 kr.	
Ein Häckers- oder Fischerhaus	21 kr. — 1½ fl.	⎭
Eine große Scheuer mit oder ohne Gärtlein	1 fl. 14 kr. — 2 fl.	
Ein Acker Weinberg oder Krautbeet	14 kr.	⎫ Grundsteuer jetzt von 9 kr. bis 54 kr. je nach der Bonität pr. Tagwerk in simplo.
Eine Ellern (= Anger, Hutplatz)	4 kr. 2 Pf. — 9 kr. 2 Pf.	
Ein Acker Baumfeld oder Wiesen	4 kr. 4 Pf.	
Ein AckerArtfeld (= gepflügtes Feld)	1—2 Btz.	
20 Acker Holz	1 fl.	⎭
Handlungen (noch 1780 2—15 fl.; 1803:)	1—8 fl. — jetzt von 7 fl. 30 kr. bis 140 fl. steigend, Fabriken bis 310 fl.	
Handwerker, Häcker, Taglöhner	14 kr. — 3 fl. — jetzt 45 kr. bis 20 fl.	
Wirthschaften und Gastgerechtigkeiten	2 fl. — 6 fl. — jetzt von 2 fl. 15 kr. bis 74 fl.	

In ähnlicher Weise, jedoch noch mit Ermäßigung waren Häuser, Felder und Gewerbe der Dörfer angelegt.

Für dieses Amt waren 2 Amtsverweser bestimmt, der erste, ein Bürgermeister, sollte Controleur sein, doch blieb es beim Soll; der zweite, ein Senator, war der active Beamte und legte alle 3 Jahre Rechnung ab. Die Jahre 1801—1803 lieferten in Summa eine Bruttoeinnahme von 11990 fl. 24 kr., so, daß also die Grund-, Haus- und Gewerbsteuer auf ein Jahr für Stadt und Gebiet in simplo sich auf 3996 fl. 22 kr. entziffert. Die Erhebungskosten beliefen sich auf 7%, nämlich a) 30 fl. Salar für jeden der 2 Amtsverweser jährlich, b) Regie, übliche Schmausereien (Sic!) während der 3 Jahre

648 fl. 22 kr. 2 Pf. Die letzten Amtsträger waren Johann Christian Kirch und Johann Michael Dürbig.

§ 24. Das Steueramt.

Capital- und Einkommensteuer wurden hier seit alter Zeit bezahlt, wie eine ganz wunderliche Streitsache des Rathes gegen den Diaconus Prückner (1634) beweist (vgl. R. Bd. 1. p. 310 ff.). In den letzten Jahrzehnten der Reichsfreiheit mußte jeder Unterthan der Stadt und der Dörfer vor einer Rathsdeputation (4 Senatoren, 4 Zusätzer, 4 Achterherren), die alle 3 Jahre neu niedergesetzt wurde, sein Gesammteinkommen fatiren, also nicht bloß wiederholt die dreierlei Gegenstände der Bede, sondern auch Capitalrenten, Leibrenten, Erbzinse und alle sonstigen außerordentlichen Revenuen. Diese Fassion war nun ohne alle Handfeste oder Strafandrohung lediglich dem Gewissen der Bürger überlassen. Für die Jahre 1801—1803 war der Steuersatz in simplo folgender:

100 fl. Capital zahlt	1 kr. 5 Pf.
Ein Haus mit oder ohne Nebengebäude	14 kr. — 4 fl.
Ein Acker Garten, oder Krautfeld	4 kr.
Ein Acker Weinberg	2 kr. 4 Pf.
Ein Acker Baumfeld, oder Wiese	1 kr. 2 Pf.
Ein Acker Artfeld	1 kr. 5 Pf.
20 Acker Holz	4 kr. 4 Pf.
Handlungscapital vom Hundert	9 kr. 2 Pf.
Gewerbsteuer	14 kr. bis 3 fl.
Häcker, Taglöhner, Bauern	7 kr. bis 14 kr.

So für die Stadt und für Oberndorf; für die Walddörfer galt ein etwas niedrerer Satz.

In den achziger Jahren wurden wegen des Straßenbaues 4 Simpla erhoben, von 1790 an bis 1802 drei, 1803 wieder 4 Simpla. In den Jahren 1794—1796 betrug die Bruttoeinnahme jährlich 5926 fl. 15 kr. 1 Pf.; die Ausgaben durchschnittlich a) 144 fl. an Nachlässen und uneinbringlichen Defekten; b) 80 fl. (je 40 für jeden der 2) Amtsträger; c) 182 fl. für Sessionsgebühren, Schreibmaterial und Malzei-

ten. Der Rest ging an die Obereinnahme. Letzte Amtsver=
weser: Joh. Heinr. Stepf und Philipp Ernst Segnitz *).

§ 25. Das Umgeldamt.

Unter dem Titel Umgeld **) wurde vom Wein und vom
Bier eine Getränksteuer erhoben. Auf einheimischem Wein,
der von hiesigen Bürgern an Bürger oder Fremde verkauft
wurde, lag ein doppelter Impost; der Eimer (72 Mß.) zahlte
nämlich an das Umgeldamt a) einen halben Gulden; b) den
Geldwerth von 10 Maß Wein, wie solcher verzapft oder ver=
kauft wurde. Ein Drittel des Verkaufobjekts war jedoch um=
geldfrei. Auf einen Eimer konnte bei höheren Weinpreisen
leicht ein paar Thaler Umgeld treffen! Außer zwei Amtsträ=
gern waren bei der Umgelderhebung noch ein Obervistrer und
ein Untervistrer, ein Herrenbüttner, zwei geschworene Aich=
meister, 3 Schröter und Auslader beschäftigt. Unbegreiflicher
Weise war die Abgabe für fremde Weine weit geringer; bei
solchem Handel betrug das Umgeld nur 1 fl. für den Eimer
an die Commune und 1 kr. fürs Fuder an jeden der zwei
Amtsträger. Ein Fremder, der hier als Beisasse wohnte, ein
fremder Weinhändler, der hier Lagerwein besaß, zahlte unter
dem Titel Niederlag eine Umlage von 2 fl. für den Eimer.
Von Weinen, die der Bürger für seinen eigenen Hausbedarf
baute, zahlte der Eimer 1 kr.; Controle bestand sowohl an
den Thoren, als im Keller; doch waren bei Erhebung dieser
Abgabe die gröbsten Unterschleife unvermeidlich.

Minder möglich waren diese bei dem im Gemeindebrau=
haus leicht controlirbaren Umgeld vom Bier ***). Von jedem

---

*) Die Erträgnisse des Bedamtes und des Steueramtes fließen seit
Aufhebung reichsstädtischer Souveränetät ins Staatsärar; vgl.
Anmerk. zu § 46.

**) Schon im 13. Jahrh. kommt das Umgeld vor, wurde aber als
besonders gehässig ursprünglich Ungeld oder Unrecht genannt; vgl.
Oefele, Scriptt. rer. boic. I, 333. Lenz Marggr. Urk. p. 19.

***) Der Bierpfennig, auch Braupfennig findet sich schon 1262 in einer
Urkunde des Erzb. Engelbert v. Cölln; vgl. Bossart, Securis ad
radicem posita, Bonn. 1687 u. 1729 Beilagen p. 90.

Gebräu wurden nahe 24 fl. bezahlt, dazu noch Kesselgeld an das Bauamt (§ 10). Von einem früher viel geringeren Betrag aus (noch 1797 nur 16 fl.) hatte der Rath das Umgeld so erhöht, um in einem Weinlande das Biertrinken zu erschweren. Dessenungeachtet nahm der Geschmack am Bier so zu, daß es 1803 das gewöhnliche Getränk der Bürger wurde und daß das Umgeld vom Bier ums dreifache das vom Wein überstieg. Im Jahre 1802 betrug die Bruttoeinnahme des Umgeldes 5547 fl. 7 ßr., wovon 4383 fl. auf das Bier kamen und 1164 fl. auf den Wein. Nach Abzug von 60 fl. für die zwei Amtsträger, 120 fl. für die Weinvisirer und 326 fl. für Regie und übliche Schmausereien kam der Rest 5041 fl. 7 ßr. in die Obereinnahme.

Molitor erkennt diese Getränksteuer mit Recht schon in dieser ihrer mangelhaften Form als eine sehr bedeutende Einnahmsquelle, meint aber, sie lasse sich bei besserer Controle und nöthigen Verbesserungen noch bedeutend erhöhen. Jetzt besteht das Weinumgeld nicht mehr. Dagegen erhebt die Stadt seit Erbauung der Marienbrücke vom Schäffel versottenen Malzes 1 fl. 15 kr. Localaufschlag, was sich bei einem Verbrauch von 6490 Schäffeln im Jahr 18^{59}/$_{60}$ auf eine Bruttosumme von 8119 fl. entzifferte. Da nun der Staat das Vierfache als Malzaufschlag beansprucht, so ergibt sich gegen 1802 ein siebenfacher Ertrag des Bierimposts. — Das Gemeindebrauhaus selbst wird in wenigen Jahrzehnten als solches eingehen, da die meisten Gewerbsmeister jetzt eigne Braueinrichtung besitzen, so daß der Nettoertrag der weitläufigen Baulichkeiten, die jetzt auch zum Salzverschleiß dienen, (§ 30) 18^{59}/$_{60}$ nur 1201 fl. erreichte.

§ 26. Das Datzamt.

Die Datz, auch der Datz (Abgabe, ital. dazio, span. dacio, böhm. lacz) bezeichnete sonst eine (besonders außerordentliche) Steuer im Allgemeinen; Würzb. Chron. v. Fries Thl. II. p. 594; Adelung kennt auch in Wien ein Datzamt. In Schweinfurt war es eine nur von Bäckern und Mehlhändlern entrichtete Gewerbssteuer. Nur diese nämlich, nicht andere Bürger, mußten, wenn sie in der städtischen Mühle mahlen ließen, neben der Mitze noch besonders für jedes Malter Weizen 12 fr., für das Malter Korn 6 fr. 3 Pf. entrichten. Wollten sie in auswärtigen Mühlen mahlen lassen, so gab das Bauamt einen Erlaubnißschein und erhob dabei für das Malter Weizen 9 fr. 3 Pf., für Korn 3 fr. 2 Pf. Die Einnahme des Datzamtes betrug 1801 855 fl. 15 fr. 1 Pf.; davon erhielt die Obereinnahme 830 fl. 19 fr. 1 Pf.; 24 fl. 24 fr. fiel auf die zwei Amtsträger, die Zusätzer Karl Bonzeltius und Johann Christoph Voit, und auf Regie.

§ 27. Das Bußamt.

Vier Herren des inneren Raths (zuletzt Schöpf, Dürbig, Eber, Berg) wechselten quartaliter in Erhebung der Einnahme, die in die Stadtkasse floß: a) aus sämmtlichen Strafgeldern, b) aus den Gebühren für Bürgeraufnahme, Schutzverwandten- und Beisaßenrecht, c) aus Dispensationsgeldern für Großjährigkeitserklärungen und Befreiungen von Proclamationen, d) aus Bußgeldern für Heirathslicenzen an Minderjährige, 5 fl. für jedes fehlende Jahr, e) aus Bußgeldern für Heirathslicenzen in verbotenen Verwandtschaftsgraden. Verschwägerte zahlten 50 fl., Geschwisterkinder 10 fl.

Die zweite Einnahmsquelle hatte auch Ausgaben des Amtes im Gefolge. Letzteres besorgte nämlich: a) den Feuereimer (§ 4), vergütete b) der Obereinnahme ein Exemplar der Polizeiverordnung mit 6 Bz.; bezahlte c) ans Alumneum für einen recipirten Bürgersohn 6 Bz.; für einen Fremden 1 fl., d) ans Spinninstitut 2 fl. Administration und Regie dieses Amtes betrug 62 fl., davon kamen 16 fl. an den Rechnungsleister. Die Bruttoeinnahme war sehr schwankend und bewegte sich in den letzten 6 Jahren zwischen 759 und 2388 fl., wovon natürlich der geringste Theil aus den Dispensationsgeldern floß.

§ 28. Das Fleischaccisamt*).

Dieses Amt verrechnete die Abgaben von auswärtsgekauftem Schlachtvieh, welches sowohl von Metzgern, als von andern Bürgern erhoben wurde. Für ein zweijähriges Rind wurden 10 Bz. bezahlt (jetzt 1 3/4 fl.), für ein jüngeres 4 Bz. (jetzt 45 kr.), für ein Saugkalb 2 Bz. (jetzt 10 kr.), für ein Schwein 3 Bz. Für Hämmel zahlten die Metzger eine Bauschalsumme von 60 fl. Alles, was zu einer Hochzeit geschlachtet wurde, ferner Ferkel waren accisefrei. Der Gesammtverbrauch im letzten Jahrzehnt des vorigen Jahrhunderts ergab eine jährliche Durchschnittszahl von 335 Stück Ochsen und Kühe, 1629 Kälber, 1116 Schweine, 1850 Hämmel und Schafe. Die Bruttorente dieses Amtes betrug 1801 713 fl. 26 kr. und 2 Pf. Die zwei Amtsträger erhielten je 15 fl., die sonstige Regie betrug 10 fl. Der Ertrag dieses Amtes, sowie der des Dazamtes, also Mehl und Fleischaufschlag ist jetzt verpachtet und ertrug 1859/60 8920 fl., also nahe 6 mal so viel, als zur Zeit der Reichsfreiheit**).

---

*) Accise, urspr. assisa, eigentl. Auffetzung, von dem freilich falsch gebrauchten assidere. Hüllmann, Städtewesen, Bd. II, p. 116.

**) Nicht ohne Interesse dürfte ein Vergleich mit der Gegenwart sein. Nach amtlichen Erfahrungen wurden im Jahr 1860/61 in Schweinfurt geschlachtet:

722 Ochsen m. e. Durchschnittsgew. von	475 Pfd.	=	342950 Pfd.
160 Kühe	300 Pfd.	=	48000 Pfd.
45 Rinder und Stiere	225 Pfd.	=	10125 Pfd.
2478 Kälber	38 Pfd.	=	94164 Pfd.
1050 Hämmel	30 Pfd.	=	31500 Pfd.
4600 Schweine	85 Pfd.	=	391000 Pfd.
		Summa	917739 Pfd.
Werden dazu gezählt			
120 Rehe	28 Pfd.	=	3360 Pfd.
3000 Hasen	4 Pfd.	=	12000 Pfd.
5000 Gänse	4 1/2 Pfd.	=	22500 Pfd.
		Summa	37860 Pfd.

So fehlen also 44401 Pfd. an einer Million Pfund Fleisch, die sicher an anderem Geflügel und an auswärts präparirtem

§ 29. Das Zollamt.

Das Transitzollrecht hat Schweinfurt 1397 vom Kaiser Wenzel erhalten und bis zur Aufhebung der Reichsfreiheit geübt. Der Tarif blieb das ganze letzte Jahrhundert hindurch unverändert, also beim Fallen des Geldwerthes zuletzt äußerst gering. Beispielsweise möge aus der vor mir liegenden amtlichen Tabelle bemerkt sein: Der Ztr. Alaun giebt 2 Pf., Baumwolle 1 kr. 2 Pf., Farbhölzer 1 kr., die Bleigans 4 Pf., das Bloch Zinn 6 kr., Speiseöl 1 kr., Häute ohne Unterschied das Stück 1 Pf., das Fuder Wein 2 kr. u. s. w. Man unterschied im gesonderten Tarife Land- und Wasserzoll; letzterer betraf a) die in Schiffen passirenden Güter, b) die Flöße. Für Vereinnahmung des Landzolles und des Zolles aus Schiffsgütern war kein Rathsherr aufgestellt, doch war der „Zöllner" ein „studirter Rathsoffizient," welcher aus der eingelieferten Zollsumme 5% bezog, diese belief sich nach 10jährigem Durchschnitt auf 1700 fl. Der Floßzoll wurde vom Oberbauherrn (§ 43) eingenommen und verrechnet. Molitor meint bei Verwaltung der Floßzolleinnahme müsse viel Ungebührliches unterlaufen; cf. § 56, auch Accidenzien will er abgeschafft wissen, welche eine den Handel beschwerende Willkür in ihrem Gefolge haben. In neuerer Zeit ist auch diese Gebühr verpachtet. Pachtsumme 2800 fl.; dazu wurde 18$^{59}/_{60}$ noch als „Wehrlochgebühr und Bürgermeistergeld" 1816 fl. erhoben, so

---

Fleische (fremden Schinken, Würste u. dgl.) eingebracht und bahier verzehrt werden. Nimmt man die Stadtbevölkerung zu 8600 Köpfen an und einen Fremdenbesuch von durchschnittlich 5000 Personen an Viehmarkttagen (so ermittelt!) und von 2000 Personen an gewöhnlichen Markttagen an, nimmt man ferner an, daß jede der einheimischen Personen täglich, die Fremden an den Markttagen Fleisch genießen, so treffen auf jeden Kopf, einschließlich aller Kinder täglich $^{29}/_{100}$ Pfd. also mehr als $^{1}/_{4}$ Pfd. — so daß also der Schweinfurter durchschnittlich sich sicherlich mehr vergönnt als der wohlmeinende Heinrich IV. seinen Franzosen wünschte, nämlich allsonntäglich der Familie ein Huhn im Topfe!

daß der Wasserzoll (theils verpachtet, theils in Regie) 4616 fl. eintrug.

Stadtbürger waren für bezogene und versendete Waaren zollfrei (§ 6).

Eine Ausnahmsstellung nahmen dem Zollamte gegenüber die Juden ein (§ 4). Der Verkehr derselben galt bei ihrer damaligen Lebens- und Erwerbsart für gemeinschädlich und wurde daher in den meisten Städten möglichst erschwert. Außer dem entwürdigenden Leibzoll zahlte hier der Jude für alle importirte Waare, für alles Transitgut und Vieh das doppelte des Tarifsatzes. Die gesondert verrechnete Einnahme von den Juden betrug 571 fl. 8 kr. 3 Pf.

Während des Sonntagsgottesdienstes waren auch die Stadtbewohner einer Art Leibzoll unterworfen, Sperrgeld genannt; für Fuhrwerk waren nämlich für diese Stunden die Thore unbedingt geschlossen; Fußgängern wurden sie gegen 1 kr. geöffnet.

§ 30. Das Salzamt.

Schon seit dem 13. Jahrhundert übte der Stadtrath ein beschränktes Salzmonopol. An den Markttagen nämlich, wenn Salzfuhrleute aus Kissingen, Orb oder Rauheim mit Ladung hier eintrafen, konnte jeder Einwohner mit seinem Bedarf sich versehen, aber das Salzamt (ein Senator als Amtsverweser und ein Zusätzer als Rechnungssteller) kaufte größere Quantitäten, um es außer solchen Markttagen im Kleinen durch den „Salzmesser" im „Salzladen" unter dem Rathhause zu verkaufen. Am Markttage hatte der einzelne Bürger dem Salzamt gegenüber das Einkaufsrecht für seinen Bedarf; aber Niederlagen durften neben dem Salzladen nicht errichtet werden, in welch letzterem die Maß Salz unwandelbar 2 Pf. kostete, der Ankaufspreis mochte sich höher oder niederer entziffern. Da hier nur die ärmere Bürgerklasse einkaufte, so belief sich die Einnahme auch dieses Amtes nicht hoch. Nach Abzug der Zinsen für das Betriebscapital, ferner 12 fl. für die zwei Amtsträger zusammen, 8 fl. Gewölbzins, 25 fl. Gehalt für den Salzmesser, 6 fl. für den Laden und

4 fl. Regiekosten kamen aus demselben 1798 89 fl., 1799 85 fl., 1800 9 fl. an die Obereinnahme.

§ 31. Das Bretteramt.

Unter ähnlichen Beschränkungen, wie der Salzhandel, war auch der Bretterhandel Monopol des Rathes. Der Einkauf von Dielen, Brettern, Latten und Weinpfählen für eignen Bedarf im Walde und bei Flößen und Schiffen am Wasser war vollkommen frei; nicht so der Bretterhandel im Kleinverschleiß. Schon 1606 erwarb sich der Rath um 100 fl. (Urkundensammlung Bd. II. Nr. 143) das sogenannte Bretter=haus am Main, wo er Weinpfähle, Latten, Bretter, Dielen lagerte, die er in größeren Quantitäten theils aus Stadtwal=dungen, theils als Floßzoll gewann, theils ankaufte und nun ohne Concurrenz im Kleinen verkaufte. Einkauf, Oberaufsicht und Verrechnung hatten als Amtsverweser ein Scabinus und ein Senator gegen ein Salar von je 20 fl. Der eigentliche Detailverkäufer, Bretterwascher genannt, erhielt außer der Wohnung noch 33 fl. 16 kr. 4 Pf. Salar, dazu 2% von ver=kaufter Holzwaare und 30—40 fl. Accidenz für besondere Bemühungen. Zur Hülfe hatte er noch einen ständigen Knecht. Die Nebenausgaben für Mahlzeiten bei verschiedenen Gelegen=heiten, für Handwerkslöhne u. dgl. betrugen über 60 fl. Trotz=dem, daß der etwas mißtrauische Rath manchmal einen Spe=cialdeputatus aus seiner Mitte zum Bretterabzählen abordnete (1789 Herrn Hofrath Dürbig), so trug doch dieses ganze monopolisirte Holzgeschäft als Reingewinn für die Oberein=nahme 1790 nur 160 fl. 1793 530 fl. 1794 600 fl. 1798 200 fl. Beim Uebergang der Reichsstadt an Baiern wurde das Haus nebst Verkaufsrecht vermiethet, bis es endlich bei Gelegenheit des Eisenbahnbaues in Privatbesitz überging.

§ 32. Das Schutzamt.

Die Schutzverwandten (§ 4) hatten dahin im Allgemei=nen jährlich eine besondere Abgabe zu entrichten, Mann und Frau gesondert je 1 fl. 24 kr., also wöchentlich 1 kr.; solche, die kleine städtische Bedienstungen übernahmen (Stadtsoldaten, Nachtwächter u. dgl.) zahlten wöchentlich nur je 4 Pf.; dagegen solche, die ein bürgerliches, aber hier nicht zünftiges Gewerbe (Scheerenschleifer, Fellenhauer, Stadtziegler) trieben, eine Schutzabgabe bis zu 6 fl. Das Schutzamt hatte eine Bruttoeinnahme von 60—100 fl. und davon eine Ausgabe von 24 fl. 9 kr. Auch mit diesem unbedeutenden Einnahmsposten beschäftigten sich 2 Amtsträger, ein Senator (Oberschutzherr genannt, blos zur Controle bestimmt) und ein Herr vom Zusatz (der eigentliche Rechnungsleister), jeder bezog 9 fl. 14 kr. Den Rest verschlang Regie und Abrechnungsmahlzeit; an die Stadtkämmerei (Obereinnahme) kam zwischen 33 und 75 fl.

§ 33. Das Forst-, Jagd- und Fischamt.

Ihre beträchtlichen Waldungen (§ 2) hat die Stadt zu verschiedenen Zeiten erworben, und die Kaufbriefe sind durch Consulent Stepf 1803 gesammelt, registrirt und dann durch Molitor ans Reichsarchiv nach München abgegeben worden.

Der ganze Forst war in 3 Reviere getheilt: a) Stadt, b) Weipoldshausen, c) Madenhausen, welche 3 Revierjäger bewirthschafteten unter der Oberaufsicht eines Bürgermeisters, des 72jährigen * (des Oberforstherrn) und eines (Rechnung stellenden) Senators (Unterforstherrn).

Sämmtliche Waldungen, meist Eichen- und Buchenbestände, aber auch Aspen und Birken, wenig Nadelholz, wurden immer in einem 30jährigen Zeitraum in der Art abgeholzt, daß der jährliche Hieb zur einen Hälfte im Stadtrevier vorgenommen wurde, zur andern Hälfte im combinirten Weipoldshäuser und Madenhäuser Revier, da beide zusammen auf magerem, steinigen, theils auch sumpfigen Boden nicht mehr produciren, als das Stadtrevier allein. Holzrechte standen den Bürgern nie zu, nur das Einsammeln des dürren Holzes und der abgefallenen Waldbaumfrüchte war ihnen an gewissen Tagen von jeher erlaubt. Aber auch von dieser Befugniß, von der ohne dieß nur Arme Gebrauch machen, waren die Schutzverwandten und Dorfbewohner ausgeschlossen.

Man wußte freilich, daß die geringen Leute in Pfändhausen, Dittelbrunn, Zell, Weipoldshausen und Madenhausen doch kein Geld für ihren Holzbedarf ausgaben! Um so besser war in diesem Punkt für die Rathsglieder und deren Wittwen, so wie für die Geistlichkeit, auch für die Rathsofficiantem gesorgt. Ausschließlich für solche Holzbestallungen wurden jährlich 800 Klafter Scheitholz und 1900 Schock Wellen (Reißig) verbraucht. Die Beheizung der Rathhauslocalitäten und Wachstuben erforderte 90 Klafter Scheitholz und etwa 60 Schock Wellen. Zur Unterhaltung der Wasserbauten und Hochbauten erhielt das Bauamt den Rest des jährlichen Hiebes, der nun oft nicht reichte, sondern durch Ankäufe von den Flößen ergänzt werden mußte. Die Salare für die zwei Forstherren betrugen je 20 fl.; diese, ferner die Gehalte und Schußgelder für die 3 Revierjäger, Fischpräsente, Weinpräsente und Mahlzeiten für die Amtsträger und ihre Verwandten und Officianten, Taglöhne für die Holzmacher entziffern sich auf etwa 1400 fl.; so läßt sich erklären, warum aus dem großen Waldbesitz der Stadt nichts, oder weniger als nichts in die Obereinnahme floß. Der Revierjäger, der (1793) viel Holz heimlich verkaufte, wurde um 12 fl. gestraft! Vom Jahr 1791 bis 1797 incl. lieferte das Forstamt in Summe 4401 fl. aus verkauftem Holze ab; dagegen betrugen in dieser Zeit die erwähnten Unkosten 7998 fl.!! (freilich fällt in diese Zeit auch die franz. Invasion! —) Aehnlich waren auch die Jagdverhältnisse. Jeder wirkliche Stadtbürger hatte die Befugniß vom 22. Nov. bis 22. Febr. die Jagd auf Haarwild auf städtischem Gebiete zu begehen. Wenn nun auch der Gebrauch des Hundes, das Schlingenlegen, das Fangen, oder Schießen von Federwild bei Strafe verboten war, so schwand doch durch diese Licenz und den dabei uncontrolirbaren Unfug der Jagdertrag so, daß 1802 die 3 Revierjäger zusammen nur 2 Schweine (noch aus dem von den Franzosen 1796 zerstörten Schweinpark im Gramschatzer Wald verlaufen), 5 Rehe, 222 Hasen, 27 Schnepfen, 30 Hühner und 90 Lerchen einlieferten — zur Vertheilung an die Herren Bürgermeister und an die Glieder des inneren Raths, die sich dabei auf unvordenkliches Herkommen berufen.

Statt also die bedeutendste Einnahmsquelle für die Stadtkämmerei zu sein, schloß das Forstamt mit bedeutendem Deficit ab und dieses würde noch größer geworden sein, wenn nicht ans Forstamt die Gemeinde Maßbach gült-, zins-, lehen- und handlohnpflichtig gewesen wäre, was jährlich etwa 600 fl. abwarf. Diese Gefälle hat von der längst ausgestorbenen ritterbürtigen Familie Maßbach die Stadt Schweinfurt käuflich erworben. Die Kaufurkunde ging 1554 verloren.

Zum Schuß der Waldungen bestand eine „Wald- und Markungsordnung des heil. röm. Reichs freien Stadt Schweinfurt auf großgünstigen Befehl Eines Hochedlen und Hochweisen Magistrats daselbst zum offenen Druck gegeben 1741. 4." Der wohl erwogene Artikel 4 Tit. IV, der das Weiderecht der Bauern in jungen Schlägen verbietet, wurde aber später so wenig gehalten, als Tit. VII Art. 10, der das Jagdrecht der Bürger auf Hasen im freien Felde der Stadtmarkung beschränkt.

Zur Respicienz dieses Amtes gehörten auch 5 Teiche in nächster Umgebung der Stadt (jetzt trocken gelegt) und 7 bei Madenhausen, letztere waren um 20 fl. verpachtet und dieser Ertrag wurde unter die Schulcollegen vertheilt.

Ueber die Spitalwaldungen s. §. 55, u. a das. die Note.

Die forstwirthschaftlichen Verhältnisse haben sich im Laufe der Jahre mannigfach geändert. Die Stadtwaldungen decken jetzt (1860) nur noch 3521,66 Tagwerk Fläche und sind in 18 Distrikte getheilt; dem in der Stadt domicilirenden Revierförster sind 4 Waldaufseher (Stadt, Zell, Weipoldshausen, Madenhausen) zum Zweck des Forstschutzes untergeben. Die Umwandlung der Mittelwaldungen in Hochwald ist angebahnt und zur Zeit sind 700,23 Tagw. für Hochwald und 2821,23 für Mittelwaldung ausgeschieden und man beabsichtigt eine allmähliche Ueberführung der noch vorhandenen Mittelwaldungen in Hochwald, wodurch der Ertrag des Forstes sich bedeutend steigern muß. Für Hochwaldungen sind jetzt 3 Betriebsklassen angenommen: a) 120 Jahre für Eichen und gemischte Bestände, b) 90 Jahre für Nadelhölzer, c) 60 Jahre für unvollkommen bestockte Mittelwaldung, die künstlich verjüngt und daher zu Hochwald übergeführt werden soll — für

Mittelwald gilt eine Umtriebszeit von 30 Jahren. Der Stadt= wald gibt zur Zeit nachhaltig 1120 Klafter Holz und 70000 Wellen. — Die Gemeinde Madenhausen hat ein Holzrecht auf 33 ¾ Klafter Brennholz und 60 Schock Wellen, ferner bei Erbauung eines Hauses auf 4, eine Scheuer auf 2 Ei= chenschwellen, wobei die Gemeinde die Holzfabricationskosten bestreitet. Pfarr=, Schul= und Besoldungsholz nimmt 123⅜ Klafter und 200 Schock Wellen in Anspruch; zu Beheizung des Rathhauses und diverser Wachlokalitäten werden erfordert 60 Klafter Holz und 10 Schock Wellen. An die Kirchen und Schulen wird das erforderliche Holz gegen Bezahlung der Taxe verabreicht. Ist nun auch noch das erforderliche Bau= holz zu Stadt= und Uferbauten abgegeben, so bleiben noch etwa 850 Klafter und 52000 Wellen zur Versteigerung in freier Concurrenz und nach Abzug von 5500 fl. für Besoldun= gen, Steuern, Hauerlöhne u. dgl. bleibt jetzt ein durchschnitt= licher Reinertrag von 18000 fl.

§ 34. Das Dorfvorsteheramt.

Die 2 Forstherren waren auch Vorsteher der 3 zur Stadt gehörigen Walddörfer Zell, Weipoldshausen und Madenhau= sen. Vorsteher von Oberndorf waren die jedesmaligen 2 jün= gern Scabinen, die dieses Vorsteheramt nicht durch Abstim= mung im Rathe (§ 17), sondern durch ihren Platz (Stuhl, daher Stuhlämter) überkamen.

Die 4 Dorfschaften standen in Beziehung auf Justiz und sonstige Landeshoheitsrechte unter dem Stadtrathe, doch wählte sich unter dem Vorsitz der städtischen Dorfvorsteher jedes Dorf seinen Schultheißen, die Gerichtsmänner, Viertelmeister und Bauernmeister; und zwar wählten die Gemeindeglieder der Walddörfer zuerst die Gerichtsmänner und diese dann die an= dern genannten Dorfwürdenträger, die Oberndorfer wählten auch die letzteren unmittelbar. Diese Wahlen unterlagen dann der Bestätigung des Rathes. In Oberndorf wurde alljährig, in den Walddörfern alle 3 Jahre in Gegenwart der zwei Dorfvorsteher, des Unterbürgermeisters und eines Canzlisten ein sogenanntes „Gericht" gehalten, wo mit den Dorfwürden=

trägern Gebrechen in der Gemeinde besprochen, dorfpolizeiliche Verfügungen getroffen und die Gemeinderechnung abgehört wurde. Diese in ihrer ursprünglichen Absicht löbliche Einrichtung sank nach und nach zur Ceremonie herab, die mit einem Schmause endigte.

Geringfügige Klagen (bis zu 5 fl.) und Injuriensachen wurden besonders auch an diesen Rugtagen von den Dorfvorstehern von kurzer Hand abgethan, in wichtigeren Civilstreitigkeiten oder peinlichen Fällen hatten diese nur die Instruction und trugen dann die Sache im Rathe zur Entscheidung vor. War dabei ein Individuum, das nicht zu den Rathsuntergebenen gehörte, betheiligt, so wurde die Klage unmittelbar beim Rathe angebracht.

Die niedern Dorfdiener (Schäfer, Flurer ꝛc.) wurden vom Schultheißen und dem Dorfgericht angenommen. Die Pfarrer und Lehrer bestellte der Stadtrath ohne Zuziehung des äußern Raths oder der Achter, daher auch später dieses Hoheitsrecht an den Landesregenten überging (vgl. § 16 u. 51).

Die Dörfer waren alle mehr oder minder mit Gülten und Zehnten, mit Hand-, Spann- und Jagdfrohnden belastet, die theils noch das würzb. Domcapitel, theils das hiesige Spital, die Deutschherrencommende zu Münnerstadt, das städtische Bauamt und das Forstamt, der herzogl. sachsenweimarische Pfarrer in Maßbach als Gerechtsame ansprachen. In der Beilage B. zu Molitors Bericht giebt der Consulent J. H. Stepf das Einzelne. Hier nur beispielsweise: Oberndorf entrichtete den Zehnten von seiner ganzen Markung ans würzb. Domcapitel; jeder Bauer von da, der 2 Pferde oder Ochsen besaß, leistete der Stadt jährlich 24 Stein- oder Holzfuhren, der Kübbauer 12; letztere mußten ferner den Wehrnfluß fegen und sonst noch dem Rath 6 Tage im Jahr Handfrohnd leisten. Alle Oberndorfer waren überdieß dem städtischen Forstamt zum Lerchentreiben verpflichtet, so lange es dauerte, und dem städtischen Bürgerspital 2 mal zum Hasentreiben auf der Sennfelder und Gochsheimer Markung und am Spitalholze, das Spital reichte dagegen dem Treiber 2 Pfd. Brod. — Aehnliche Servitute lasteten auf den Walddörfern. — Oberndorf war auch durch die Kriegsjahre tief heruntergekommen; 1799 liquidirte es dem Reichstage (natürlich vergeblich) einen Schaden von 109827 fl. 33 kr. ohne den Verlust in der großen Viehseuche.

§ 35. Das Nachsteueramt.

Seit dem 14. Jahrhundert hatten alle Reichsstände und Reichsstädte das kaiserliche Privilegium, von allem durch Auswanderung von Unterthanen, oder durch Erbrecht Fremder, oder durch Schenkung aus ihrem Gebiet gehenden Capital einen Abzug (detractus), Nachsteuer, Abzugsgeld genannt, zu erheben. Das Quantum war nach den Grundsätzen der Gegenseitigkeit verschieden; in der Regel wurden 10% erhoben; doch begnügte man sich manchmal nach den genannten Grundsätzen mit weniger. Für die Stadtkämmerei waren die Gefälle dieses Amtes jedenfalls bedeutend, durchschnittlich etwa 1000 fl.; im J. 1801 sogar 3520 fl. 3 kr. Dagegen 1797 nur 392 fl. 18 kr. Die Ausgaben erreichten meist 30—40 fl., wovon 20 fl. dem Amtsträger (letzter: Bürgerm. Casp. Cramer) gebührte.

§ 36. Das Handwerksgefällamt.

Dieses Amt erhob a) Aufding=, Freisprech= und Meistergelder, b) Handwerksburschenstrafen, c) Dispensationsgelder für nachgelassene Wanderjahre. Obwohl nach städtischer Handwerksordnung (Schweinfurt 1749, 46 S. fol.) Art. 36. Tit. II. nur (körperl.) Unmöglichkeit ein Grund zur Dispensation vom Wanderzwang sein sollte, so wurde doch diese Dispensation sehr leicht ertheilt und die Gebühren dafür waren für das Amt die ergiebigste Quelle. Sie allein lieferte 1796 214 fl., während der ganze Jahresertrag des Amtes 304 fl. ausmachte. Molitor spricht sich wohl mit Recht tadelnd aus über die leichtfertige Befreiung von dem damals gewiß weislich allgemein bestehenden Wanderzwang. Der durchschnittliche Bruttoertrag des Amtes war nur 150 fl. (1801 nur 74 fl.); doch bezog der eine Amtsträger (1803 Senator Hahn) 20 fl.; sonstige Ausgaben für Frühstück und Schreibmaterial betrugen 4 fl.

§ 37. Das Apothekeramt.

Der Rath hatte 1412 an die Erwerbung und Einrichtung einer Apotheke 5000 fl. gewendet — eine für jene Zeit ungeheure Summe; dafür war die Eine Apotheke im Rathhauslokale selbst ein stadträthliches oder Communalmonopol. Ein Rathsapotheker oder Provisor, städtischer Officiant, (der letzte, Herr Eichholz aus Frankfurt, war 1803 ein alter Herr, ledigen Standes) besorgte als bloßer Faktor des Raths mit zwei Gesellen, einem Lehrjungen und einer Magd das ganze Geschäft. In einem kleinen zur Apotheke gehörigen Garten, südöstlich von der Stadtziegelei, betrieb er den Anbau der unentbehrlichsten einheimischen Arzneigewächse selbst, außerdem bezog er auf städtische Rechnung theils aus Frankfurt und Nürnberg, theils von Kräuterhändlern der Umgegend seine Materialien; auch den Ankauf von Holz, Kohlen, Gefäßen und sonstigem pharmaceutischen Geräthe betrieb er gegen Verrechnung an die Amtsherrn. Er selber und sein Personale erhielten ihre volle Kost in natura aus dem Spital, dem die Obereinnahme dafür 200 fl. vergütete, — offenbar selbst für jene Zeiten viel zu wenig, da es sich um Azung von 5 Personen handelte. Außerdem erhielt der Apotheker 110 fl., der erste Gesell 78 fl., der zweite 66 fl., die Magd 17 fl. Zwei Rathsglieder (zuletzt Bürgerm. Joh. Casp. Cramer und Senator Dürbig) nahmen allmonatlich Einsicht von den Rechnungen und ertheilten ökonomische Weisungen. Die technische Aufsicht, die Prüfung der Materialvorräthe, die Bestimmung der Taxe gehörte natürlich in den Wirkungskreis des Physikus. Ueberdies zog derselbe alljährlich einmal sämmtliche Aerzte bei zu einer Spezialuntersuchung der Apotheke und hörte deren Erinnerungen und Vorschläge. Am Schlusse des Amtsjahrs legten die Herrn Amtsträger dem Gesammtrathe Rechnung.

Man sollte nun wohl glauben, eine Apotheke, die allein, ohne Concurrenz (denn Landapotheken gab's noch nicht), für wenigstens 20000 Menschen den Arzneibedarf lieferte, würde der Stadtkämmerei etwas Erkleckliches abgeworfen haben, in einer Zeit, wo der Name Homöopathie noch nicht bekannt war und die Aerzte große Gaben zu erbiniren pflegten, wenn auch der Physikus nur für wenige Artikel 99% Nutzen statuirte. Jetzt wenigstens müssen sich in den Abwurf 2 Apotheker, noch in Concurrenz mit Landapotheken theilen und befinden sich mit ihren Familien nicht schlecht. Die Monopolapotheke warf durchschnittlich nur die fast lächerlich geringe Nettosumme von 1000 fl. ab. Bundschuh vollends nimmt nur einen Reinertrag von 150 fl. an. Die Administration beträgt außer den bereits aufgeführten Gehalten noch 120 fl. fr. für den Stadtphysikus, 80 fl. fr. für Visitationspräsente, Mahlzeiten und Douceurs, und nahe 100 fl. für Regie.

§ 38. Das Zinsamt.

Mehr als drei Viertheile der Aecker, Wiesen, Baumfelder, Weinberge der Stadtmarkung waren mit großem und kleinem Zehnt dem Stift Haug in Würzburg verpfändet. Letzteres mußte dafür alle Real- und Personalexigenz der hiesigen St. Johanniskirche bestreiten. Einige Weinberge gaben Gült an das Spital. Auf Grundzins, Getreidzehnten, Mostgülten, Herbst-, Martini- und Faßnachtshühner hatten in den Dörfern mehrere Lehensherrn theilweisen Anspruch, namentlich das hiesige Spital, die Stadtkämmerei, das Juliusspital und das Domcapitel in Würzburg, die Münnerstädter Deutschordenscommenthurei, der Pfarrer in Maßbach, das hiesige Kirchenamt. Genauen Nachweis der einzelnen Beträge gibt der Rb. 1803, p. 144—158 und die Lehenbücher der Stadt und der Dörfer waren damals noch in bester Ordnung. Die zuerst erwähnten Rechtsansprüche des Stiftes Haug, so wie den Gebrauch von Zehnthof, Zehntkeller, Scheuer und Geschirr, hat schon 1562 und noch einmal am 12. Okt. 1660 der Rath der Stadt durch ewigen Verleihungscontract um 1400 fl. fr. = 1750 fl. rhl. abgepachtet, und die Bestreitung der hiesigen Kirchenbedürfnisse übernommen, da die Erhebung des Naturalzehnts auf hiesiger Markung zu mancherlei Reibungen Anlaß gab. In Bergrheinfeld hatte die hiesige Stadt einige Gült- und Handlohnansprüche. Zur Erhebung aller derartigen Renten bestand nun das Grundzinsamt, das nach Abzug obiger Pachtsumme im Durchschnitt jährlich 600—800 fl., im J. 1800 sogar 1330 fl. abwarf, was natürlich durch Kauf-, Besteh- und Todfallhandlöhne sich besonders regulirte. Der Amtsträger war ein Bürgermeister gegen ein Salar von 12 fl.; die sonstigen Administrationskosten betrugen 30 fl.

„Bis 1851 incl. wurde der große und grüne Zehnt unmittelbar von den zehntpflichtigen Grundstücken in natura entnommen. Nach Erkenntniß der k. Fixationscommission (d. d. 9. Okt. 1851) wurden als Fixum festgesetzt 51 fl. 4 1/2 kr. baar, 148 Schäffel 4 Mz. Gerste, 148 Schäffel 5 15/16 Mz. Waizen. Dieses Fixum wurde der Ablösungscasse des Staats überwiesen und der Stadtgemeinde (Protok. v. 26. Mai 1854 und Quittung v. 25. Mai 1854) hiefür eine Entschädigung von 72478 fl. 22 1/2 kr. geleistet, davon aber 34950 fl. zur Ablösung des an das Rentamt vom Zehnt zu leistenden Passivreichnisses zu 1747 fl. 55 1/2 kr. verwendet und der Rest zu 37528 fl. 22 1/2 kr. der Stadtcasse in Staatsobligationen zu 4% ausgehändigt. — Das an das k. Rentamt vom Zehnt zu leistende Passivreichniß ist das früher dem Stift Haug bezahlte Gegenreichniß von 1400 fl. fr. = 1750 fl. rhl., welche sich in Folge einiger Ablösungen auf die eingesetzte Summe von 1747 fl. 55 1/2 kr. reducirten. — Das Stift Haug wurde bei der Einverleibung Würzburgs säcularisirt und in Folge dessen ist das mehr beschriebene Reichniß an die Staatscasse übergegangen. — Das unständige Weinzehntgeld wurde durch Fixirungsvertrag (26. Sept. 1851) mit einem jährlichen Zehntfixum von 178 fl. 44 1/4 kr. in eine ständige Rente umgewandelt. — Die der Stadtgemeinde auf hiesiger Markung zustehenden übrigen Gefälle, als 10634 fl. 38 kr. Handlöhne, 114 fl. 56 1/2 kr. Kleinzehnt von Krautfeldern und Wiesen, 292 fl. 51 1/2 kr. Grundzinse von Häusern, Aeckern rc. wurden durch Sitzungsbeschluß des Magistrats v. 6. März 1860 der Ablösungscasse des Staats überwiesen. Die Verhandlungen über die Entschädigungssumme sind noch schwebend." Schultes.

§ 39. Das Grundzinsamt.

Im J. 1772 wurde auf Vorschlag der Walddeputation, besonders des Gärtners Christoph Bauer, die sogenannte

Harb (= Bergwald, vgl. Harz), ein früher bewaldeter, damals aber abgetriebener und nur als magerer Hutplatz benützter Bergabhang, gegen Norden der Stadt, 118 Morgen, urbar gemacht und in ganz kleinen Parzellen gegen Grundzins von 1 fl. bis 1 fl. 30 kr. auf den Acker an die Bürger vertheilt. Natürlich sollte man glauben, daß der dadurch anfallende Grundzins, ständig 112 fl. 17 kr. 1 pf., zum Zinsamt überhaupt fiele; gleichwohl war dafür ein eigner Rechnungsleister bestellt. Seine Rechnung, eine Folioseite betragend, wurde mit 4 fl. honorirt.

§ 40. Das Weinamt.

Der Stadtrath trieb früher nicht blos Holzhandel (§ 31) und Salzhandel (§ 30), sondern auch Weinhandel, der jedoch nicht viel abgeworfen haben mag. Der Weinherr, Scabinus Hoß erhielt 1789 zwar bei der Jahresrechnung Rathsdank für seine Verwaltung, doch sei dem Rathsbüttner zu bedeuten, daß er künftighin nicht so viele Unbefugte in den Keller mitnehme, auch nicht selbst nach Hause trage und nicht übermäßige Traktamente im Keller gebe (Rathsprot. 1789, S. 616). Vom J. 1787—1795 rentirte das Amt gar nichts; als nun vollends 1796 die französische Invasion das städtische Vermögen aufzehrte und eine Schuldenlast von fast einer halben Million im Gefolge hatte, da wurde 1797 auch der ganze im Rathskeller lagernde Weinvorrath um 3182 fl. verkauft und der Handel aufgegeben. Gleichwohl blieb das Amt, dessen Wirkungskreis nur darin bestand, 120 fl. Miethgeld für den leeren Keller zu erheben, ferner 262 fl. aus der Obereinnahme; davon waren an Geistliche und einige weltliche Bedienstete für nicht mehr in natura abgereichten Bestallungswein 287 fl. zu zahlen und 80 fl. wurden als Ersatz für abgehende Weinpräsente und Mahlzeiten bezahlt. Die Administrationsgebühr betrug 45 fl. 18 kr. 4 pf.

§ 41. Das Zehntbestandamt.

Zur Erhebung des Naturalzehnts war ein eigner Beamter bestimmt, gewöhnlich ein Bürgermeister, Getreideherr genannt; neben diesem fungirte noch ein Senator als Inspector. Beide Aemter erscheinen neben dem Zinsamt völlig überflüssig. Die eigentliche Arbeit hatte der Zehntkeller und seine 3 Knechte. Diese besorgten Einheimsung und Aufbewahrung des Naturalzehnts im Zehnthof, der erst 1828 abgebrochen wurde. Auf seiner Stelle stehen jetzt das Bezirksgericht und das Landgericht. Das Zehntbestandamt ergab in den letzten 10 Jahren des vorigen Jahrhunderts einen Reinertrag von 1000—2000 fl. fürs Jahr, je nach den Schwankungen der Fruchtpreise. Die stadträthlichen Amtsträger erhielten je 10 fl.; der Zehntkeller 70 fl. und freies Quartier im Zehnthofe.

§ 42. Das Mühlen- und Getreideamt.

Nirgends hat die Stadt Schweinfurt selbst größere Umgestaltung erfahren als an seiner Mainseite. Man hat schon jetzt Mühe, sich zu vergegenwärtigen, wie dieselbe etwa 1830 gestaltet war. Das damalige Mühlwerk galt für ein weithin bewundertes Meisterstück menschlichen Scharfsinnes; vgl. HM. p. 287 u. 306. Mag nun immerhin die Meinung der Bürger über den Ertrag der Mühlwerke zu hoch gegriffen gewesen sein (stündlich 1 Ducaten), so konnte doch jedenfalls dieser bei einigermaßen zweckmäßiger Ausnützung für die Stadtkämmerei bedeutend werden. Allein der Rath betrieb die Mühle auf Communalrechnung, besoldete 3 Müllermeister mit ihren Knechten und Lehrburschen, dazu 2 Mühlschreiber, die allmonatlich dem Mühl- und Getreideamt Rechnung stellten und die Mitze ablieferten. Letztere betrug bei Bäckern einen kleinen Bruchtheil mehr, als bei andern bürgerlichen Mahlgästen; bei letzteren, wie noch jetzt, den sechzehnten Theil; von 5 Maltern wurden nur 4 vermitzt; von den Bäckern wurden für den Malter 4 pf. Waggeld bezahlt, von anderen Bürgern die Hälfte; Waizen zu schroten kostete Hiesigen 14 Schillinge, Fremden 1 fl. In ähnlicher Weise bestanden feste Taxen für das Rändeln der Gerste, für Gewürzmahlen, für Lederwalken, für Tuchwalken. Im J. 1802 wurden 9759 Malter Getraide gemahlen und 1600 Malter geschroten. Die Mitze allein mußte über 600 Malter betragen haben.

Für alle diese Renten waren 2 Aemter bestimmt, die 2 gesonderte Rechnungen führten.

Das Mühlamt percipirte alle Baareinnahmen und lieferte ans Bauamt den Reinertrag ab, der nach Abzug der Salare für Müller und Officianten und der Regieausgaben übrig blieb. Dem Bauamt fielen dagegen die Reparaturen zu. Während die Reineinnahme sich auf etwa 2200 fl. entzifferte, kamen ans Bauamt etwa 1000 fl. Im J. 1795 kamen von 1279 fl. Nettoeinnahme nur 15 fl. ans Bauamt. Außer dem erwähnten Subalternpersonale fungirten bei dem Mühlamte zwei Senatoren; der zweite recipirte die Geldbeträge von den Mühlschreibern, der erste figurirte blos als Gegenzeichner.

An das Getreideamt, das ein Scabinus und ein Senator zu verwalten hatte, lieferten die Mühlschreiber die Mitze in natura ab; diese wurde für etwa eintretende Theuerungsjahre aufgespeichert; und noch durch Ankauf vergrößert, um so mehr, da davon 260—270 Malter an geistliche und weltliche Bedienstete gereicht werden mußten. Die Administrationskosten für die Amtsträger, Officianten und Regie betrug 1802 120 fl. Der Ueberschuß, der dem Oberamt hätte zu gut kommen sollen, betrug in den letzten 4 Jahren nichts; wohl aber mußte die Commune durchschnittlich 200 fl. zuschießen.

Die Rechnungen der letzten 20 Jahre (1781—1800) ergeben, daß die Stadtcasse aus diesem wichtigen Werk nur sehr geringen Vortheil gezogen hat (Einnahme 24792 fl., Ausgabe 19518 fl.). Die unmittelbare Administration des Raths wurde durch ein zahlreiches Personal theuer, dazu fehlte genauere Aufsicht. War auch der Gehalt der Müller gering, so haben doch alle, wenn sie als blutarme Mühlknechte eingezogen waren, sich während ihrer Dienstzeit beträchtliches Vermögen erworben. Molitor denkt daher schon 1803 an Verpachtung; allein vorher seien mancherlei Reparaturen nöthig. Die Mühle sei in ihrer Anlage als Hängewerk, das bei seichtem und tiefem Wasser fast gleich kräftig arbeitet, vortrefflich (die hochfürstlich Bambergische Regierung requirirte noch 1792 zum Bau einer Mühle einen Kunstverständigen aus Schweinfurt); allein die Reparatur werde seit langer Zeit vernachläßigt, die Schneidemühle und das Sägewerk sei im elendesten Zustande, das

Mahlprodukt schlecht. Viel vom hiesigen Mehlbedarfe werde daher auf den Dörfern gemahlen, da die Stadtmühle kein Zwangsrecht besitze.

Unter mancherlei kleinen Nachhülfen dauerte so das Werk noch 38 Jahre. Erst 1840 wurde der längst nicht mehr zeitgemäße Bau eingelegt und von 1840 bis 1846 ein Neubau eingeführt, der diesen ganzen Stadttheil umstaltete. Eiserne Maschinen neuester Technik aus der Schweiz bezogen, verarbeiten jetzt täglich wenigstens 60 Schäffel Frucht zu einem in weiten Kreisen gesuchten Handelsgut, und liefern der Stadtcasse einen jährlichen Pachtertrag von 16—19000 fl. Bessere Raumbenutzung machte, freilich mit einem Gesammtaufwand von 223145 fl., noch den Bau einer Baumwollenspinnerei, einer Loh-, Schneid-, Walk- und Schleifmühle auf demselben Raum möglich und auch damit ist die Wasserkraft noch nicht ausgenützt, so daß nach einigen Jahren dieselbe der Stadt wohl 30000 fl. eintragen wird, abgesehen von den Ansprüchen eines Tilgungsplans für die allerdings jetzt (18^{59}/$_{60}$) noch 160771 fl. betragende Bauschuld. Der Nettoertrag erreichte 18^{59}/$_{60}$ die Summe von 19725 fl.

§ 43. Das Bauamt.

Der Name läßt Jedermann schon errathen, daß hier mehr von Abgaben, als von Ueberschüssen die Rede sein wird. Ein Bürgermeister und ein Senator fungiren als Amtsträger, letzterer als Rechnungssteller, ersterer als revidirender Controleur. Die Einnahmen fließen aus folgenden Quellen: a) Chausseegelder, durchschnittlich etwa 750 fl. b) Die Waggebühren. Seit 1362 besaß nämlich die Stadt ein Zwangsniederlagsrecht. Alle Waaren von Meßfieranten, alle von hiesigen Bürgern von außen her bezogenen Waaren, alle Exportartikel hiesiger Bürger mußten in der Stadtwage gewogen werden. Das alles, schreibt 1803 der Rath, geschieht zur Beförderung des Gewerbes und zur Sicherheit des Handels. Sonderbarer Weise zahlte der Fremde weniger Waggebühr als der Bürger. Eine „Wagordnung der reichsfreien Stadt Schweinfurt 1774" 4. bestimmt Tarif und Verfahren auf's genaueste; aber Unterschleif aller Art (Rathsbericht p. 93) blieb nicht aus und troß später eingetretener Erhöhungen betrugen die Waggelder nur 600—800 fl., wovon der Wagmeister 126 fl. Salar in Anspruch nahm. c) Pflasterzoll, etwa 800 fl. betragend (1860 war derselbe um 5960 fl. verpachtet); von jeher, wie noch jetzt, wurde diese Abgabe nur von fremdem Fuhrwerk erhoben. d) Kesselabgabe der Bierbrauer (§ 25) 400—500 fl. e) Miethzinse aus einigen der Stadtgemeinde gehörigen Häusern und Räumen 80—90 fl. (1860 1200 fl. 45 kr.) f) Markt- und Meßgelder, 1803 etwa 50 fl., — von Molitor nicht in Ziffern bestimmt; 18 $^{59}/_{60}$ 188 fl.; aber der Pflaster= (Thor=) Zoll, Brückenzoll und die Markt= und Meßgelder zusammen ergaben im Etatsjahre 18 $^{59}/_{60}$ 8220 fl. In Folge des Brückenbaues 1850 ist der Brückenzoll erhöht. g) Die städtische (damals einzige) Ziegelei (am Fußpfad vom Mühlthor zum Bahnhof) seit 1808 in Privatbesitz, warf jährlich etwa 800 fl. ab, wovon der Ziegler 170 fl. für seine Jahresarbeit erhielt; überdieß sorgte das Stadtbauamt für Beischaffung des Rohmaterials. h) Obsterträgnisse, etwa 50 fl. Ums J. 1792 wurde nämlich die Obstallee um die Stadt angelegt, deren Strichanfall ins Bauamt fließen sollte (1860 nur 44 fl. 19 kr. i) Floßzoll, etwa 400 fl. und 90 Schock Bretter (§ 29 u. 56). k) Erlös aus unbrauchbaren Baumaterialien und Waaren. l) Ueberschüsse des Mühl= und Getreideamtes s. § 42.

Die ganze Einnahme des Bauamtes betrug zwischen 7000 und 9000 fl. Doch darauf lasteten bedeutende Ausgaben. Ein zahlreiches Personale war dabei ständig verwendet: Möblermeister, Wagmeister, Zöllner, Wehrmeister, 3 Müller, Mühlofficianten; dazu noch ständige Knechte und Taglöhner. Die Handwerkerconti betrugen über 4000 fl. Dazu rechne man den Materialwerth von Holz und Steinen, die Erhaltung von 6 Bauamtspferden nebst Knechten, die Administrationsgebühren, den Ankauf von Fischbrut und Fischen für die durch Herkommen eingeführten Fischpräsente, so ergiebt sich eine Ausgabe von 7000—9000 fl., so daß in den letzten 10 Jahren nur je 200 fl. durchschnittlich zur Obereinnahme kamen.

§ 44. Das Restantenamt.

Das überflüssigste aller Stadtämter; gleichwohl waren 2 Glieder des äußeren Rathes gegen ein Salar von je 6 fl. damit betraut und beauftragt, Bürger oder sonstige Unterthanen, die mit Bede oder Steuer oder sonst einer Abgabe in Rückstand blieben, zu requiriren und diese Reste an die Obereinnahme abzuliefern. Warum die treffenden Aemter so lange Reste duldeten, warum sie dieselben nicht selbst eintrieben, das begriff freilich schon Molitor nicht.

§ 45. Die Obereinnahme.

Die Rentenüberschüsse aller dieser Aemter kamen zur Obereinnahme. Diese bestritt davon:

a) alle Ausgaben einzelner Aemter, zu denen die Einnahme derselben nicht hinreichte.

b) Besoldungen der Rathsglieder und der juristischen Agenten (§ 15).

c) Verzinsung der Stadtschuld und Rückzahlung etwa gekündeter Capitalien.

d) Reichslasten (Römermonate, Kammerziele) und Kreislasten.

e) Kriegsausgaben.

f) Stipendienzahlung. Gesuche in diesem Betreff wurden in „unterthänig bemüthiger Form" an den Rath gebracht, von da der Obereinnahme zur Begutachtung übergeben und dann im Rathe definitiv entschieden.

Für die Obereinnahme waren bestellt 2 Bürgermeister und der eigentliche Percipient und Rechnungsführer unter dem Titel Obereinnahmsadjunct. Die üblichen Präsente und Verehrungen erreichten fast 300 fl.

Sämmtliche Aemterrechnungen wurden an bestimmten Terminen unter Beiziehung des Zusatzes und der Achtherrn zur Revision vorgelegt. Erinnerungen, Anträge auf Abschaffung offenbarer Mißbräuche kommen selten (§ 40) vor. Die gewöhnliche Schlußformel des Revisors, meist des selbst mitbetheiligten ersten Amtsträgers lautet: „Die Rechnung ist in calculo richtig, auch im übrigen ist nichts zu erinnern." Diesem Revisionsnotat schloß sich der Rath an und das Ganze endete mit einer Mahlzeit.

§ 46. Sonst und jetzt.

Zur Erleichterung der Uebersicht möchte man gerne alle hier aufgezählten Einnahmsquellen mit den jetzt der Stadt zu Gebot stehenden Mitteln zusammenstellen und damit die Leistungen der Bürger an den Staat verbinden; allein durch mehrfache Aenderung der Posten ist diese Aufgabe nur theilweise lösbar geworden. Die von § 23—45 aufgeführten Einnahmsposten ergeben eine Summe, die sich zwischen 16000 und 18000 fl. bewegt (— 600 fl. Deficit des Forstamts), Sirt (SHT.) nimmt eine Gesammtsumme von 29000 fl. an, deren Einzelposten er indeß nicht angibt. Wie aus den erwähnten §§ selbst ersichtlich ist, lassen sich die Erträge meist nur in sehr fluctuirenden Rundsummen geben, was für die gleich folgende Tabelle im Voraus bemerkt wird. Die Stadtkämmereirechnung 18^{59}/$_{60}$ schloß nach Abzug der außerordentlichen Einnahmsposten (z. B. Bestand vom Vorjahr, eingegangene Ausstände, verkaufte Vermögenstheile, Staatszuschuß) mit einer weit größeren Summe ab, nämlich mit 95548 fl., und doch hat die Stadt Grund-, Haus- und Gewerbsteuer, Capitalrenten- und Einkommensteuer, Landzoll und Salzmonopol an den Staat abgetreten und Judenzoll, Bretterhandel, Apothekenmonopol, Grundzinse, Weinhandel, Waggelder, Ziegelfabrikation aus anderen Gründen verloren. Auch Almosensteuer wird nicht mehr bezahlt. So ergibt sich denn in allerdings meist nur annähernden Bauschalsummen, die jetzt theils ins Staatsärar, theils in die Stadtkämmerei fließen, folgende

Bilance: 1803 18^{59}/$_{60}$

1) Bebe (Haus-, Grund- und Gewerbsteuer) (§ 23)   3996 24300
2) Steuer (Kapitalrenten- und Einkommensteuer (§ 24)   5520 5600
3) Gemeindeumlagen u. Aufnahmsgebühren (§ 27 und 32)   1000 8136

	1803.	1859/60.
4) Landzoll	2100	?
5) Floßzoll (§ 29, 42, 55)	400	2800
6) Brücken- und Pflasterzoll	800	8333
7) Malzaufschlag	—	31056
8) Umgeld und Ertrag des Brauhauses	5041	6768
9) Wag-, Meß- und Marktgebühren	750	5324
10) Satz und Accise (§ 26 und 29)	1533	8920
11) Almosensteuer	800	—
12) Nachsteuer	1000	—
13) Handwerksgefällamt	1000	—
14) Lotto	—	??
15) Ertrag der Communalwaldungen (§ 33)	600	18000
Ueberschuß der Spitalwaldungen	—	1200
16) Mühlwerke	1527	21725
17) Zins-, Grundzins-, Wein- und Zehntbestandamt (§ 38), jetzt Grundrentenablösungspapiere	1359	5535
18) Jagdpacht	—	154
19) Pachtertrag von Gebäuden, Grundstücken und Miethsanschläge	—	2102
20) Salzmonopol	80	??
21) Brettermonopol	80	—
22) Ziegelfabrikationsmonopol	600	—
23) Monopolapotheke	1000	—
24) Gaswerk	—	??

Anmerkungen.

Bei den Zahlangaben zu 1803 sind fränkische, bei 1860 rheinische Gulden angenommen. Ferner

Zu 1—3. Bede und Steuer erhebt jetzt der Staat unter den beigeschriebenen Titeln und zwar zahlte 1859/60 die Stadt 3200 fl. Grundsteuer, 3500 fl. Haussteuer, 8700 fl. Gewerbsteuer, 4500 fl. Capitalrentensteuer, 1100 fl. (meist von Besoldeten getragene) Einkommensteuer; dazu 2300 fl. Beischlag von sämmtlichen Steuern und 2200 fl. Kreisumlage; — Oberndorf in Summe 2300 fl., Weipoldshausen 900 fl., Zell 650 fl., Madenhausen 550 fl. — Die Gemeinde erhebt a) Aufnahmsgebühren, sonst etwa 1000 fl. jetzt etwa 750 fl.

b) Gemeindeumlagen, 2 Simpla der Grundsteuer, 2 Simpla der Haussteuer und ⅙ der Gewerbsteuer betragend, 18 50/60 in Summa 7413 fl. 56 kr.

Zu 4. Als in den hiesigen Zuckerraffinerien noch Colonialzucker raffinirt wurde, lieferte der hiesige Platz über 300000 fl. in die Zollvereinscasse, jetzt kaum den zehnten Theil.

Zu 14. Die hiesige Lottocollecte lieferte 1860 dem Inhaber einen Tantiemenbezug von etwa 1800 fl.

Zu 24. Die Solidität des Tilgungsplans erscheint gesichert und die starke Betheiligung der Einwohnerschaft sichert später der Commune jedenfalls eine Rente.

Ueber die **Ausgaben** der Reichsstadt sind vollständige Mittheilungen, die eine Bilance möglich machten, aus begreiflichen Gründen nicht mehr zu geben; existirt doch nicht einmal ein Nachweis der Gehalte des Raths und der Officianten. Manches bieten allerdings die §§ 23 ff. und die RP.; aber letztere erzählen auch in ganz unbestimmter Weise von Herrnmalzeiten und Douceurs, von Unterschleifen, von Wein- und Fischpräsenten an durchreisende Große, von bezahlten Wirthszechen für dieselben. Die Reichsleistungen waren sehr wechselnd, je nach Bedürfniß des Reichs. Jedenfalls waren die Forderungen an die Bürger mäßig, wie deren Kräfte, welche letztere besonders nach der franz. Invasion durch enorme Zinsforderungen (§ 22 und 24) über Gebühr in Anspruch genommen waren. — Die Kriegsjahre zu Anfang des 19. Jahrh. nöthigten zu klügerer Ausnützung der vorhandenen Hilfsquellen, zu erhöhter Inanspruchnahme der Steuerkraft, wie anderwärts so auch hier, und die im darauf folgenden langen Frieden sich hier entwickelnde Handelsthätigkeit gestattete einen vorher nie geahnten Umschwung der städtischen Verhältnisse. Mit den Mitteln der Commune wuchsen aber auch die Ansprüche des Staats und der Bürgerschaft selbst. Der Eingangs erwähnten jetzigen ordentlichen Einnahme steht eine ordentliche Ausgabe von 95093 fl. 24 kr. gegenüber. Die Stiftungsrenten und deren Verwendung bleiben dabei außer Ansatz. Zu öfter angeführter Territorialschuld kam eine große, jedenfalls von der Stadt allein zu tragende Bauschuld. Ein neuer Mainbrückenbau war 1825 ff. von Staatsbautechnikern mit schweren Kosten so meisterlich geführt, daß das Werk schon nach 32 Jahren eingelegt werden mußte. Die neue eiserne Maxbrücke kostete 58367 fl. Die steinerne Marienbrücke über den zweiten Mainarm wurde schon 1851 bis 54 mit einem Aufwande von 140000 fl. unter sehr ungünstigen Elementarverhältnissen gebaut. Ueber die neuen Mühlwerke s. § 43 a. E. Das Gaswerk nebst Leitung und Armirung kostete 125000 fl., die Gewerbschule 42350 fl.; zwei Volksschulgebäude werden bis zur Vollendung 45000 fl. kosten. Zur Tilgung eines Theils dieser Schulden contribuirt die Staatscasse (zur Gewerbschule mit jährlich 1000 fl.); für die Brückenbauschuld ist der Bierpfennig verwilligt. Die Tilgungsmittel für Mühlbauten und Gaswerk liegen in den Renten dieser Werke, so daß die Stadt, wenn Krieg oder Localunglück ferne bleibt, in einem Menschenalter sich eines völlig geordneten Finanzzustandes erfreuen wird, der auch weiteren Forderungen der Zeit (ausgiebige Wasserleitung, neuer Gottesacker, Congrualbeitrag zu einer Brücke über den Sennfelder See, bedeckte Schranne (?)) zu genügen im Stande sein wird.

§ 47. Sonstige Aemter.

Als in Folge des dreißigjährigen Krieges und der Einquartirungen noch im letzten Viertel des 17. Jahrh. (Ludwig XIV. gegen die Niederlande und gegen die Pfalz) die Stadt mit ihren Reichsleistungen im Rückstande blieb und mit militärischer Execution belegt werden sollte, erreichte der Rath durch zweckmäßig in Bamberg und Nürnberg (Kreisdirectorium) angebrachte Speciesducaten, daß eine Kreiscommission 1697 nach Schweinfurt kam. Die beiden Geheimräthe Stang und v. Stauß nahmen unter dem Versprechen gegenseitiger Verschwiegenheit aus der erschöpften Stadtcasse 300 fl. Verehrung (?) an, ließen auch ihre Officianten und Diener beschenken und ordneten nun die Angelegenheiten der Stadt so vortrefflich, daß auch der Reichskanzler Graf Kaunitz in Wien seine Genehmigung ertheilen konnte, wofür die arme Commune 400 Speciesducaten Douceur als Dank dem Grafen nach Wien sandte. Waren doch der Stadt dadurch über 30000 fl. erhalten.

Bei dieser Untersuchung legte nun der Rath alle seine Hülfsquellen vor, nämlich die meisten der von § 23 an genannten Aemter, deren Ertrag unter solchen Umständen ganz geringfügig erfunden wurde. Mehrere fehlen in dieser Vorlage ganz, weil sie theils (§ 33) Baarsummen nicht eintrugen, theils überhaupt noch nicht bestanden (§ 39), theils keine Ueberschüsse hatten (§ 44). Aus diesen Gründen hat wohl auch Molitor mehrere andere Aemtchen übergangen, weil ihre Rente sich mit Salar und Regie ausglich, oder gar nur Ausgaben hatte, die von der Obereinnahme erhoben wurden. Vor mir liegt aus dem Jahr 1707 eine „leichtfertige, wahrhafte Beschreibung aller und jeder hohen und niedern Beamten und Bedienten der heil. röm. Reichsstadt Schweinfurt, welche alle mit viel oder wenig wollen besoldet werden und sich alljährlich vermehren, ohne diejenigen die mir jeze nicht beifallen;" in dieser Designatio regiminis Suinf. sind 44 Aemter verzeichnet, die sich unter die Herren des innern und äußern Rathes und des Achterstandes vertheilten.

Das Kirchen- und Schulamt lag auf den Schultern des Seniors im Bürgermeisteramt und eines Senators. Beide präsidirten im Consistorium, welches jedoch nicht als ständiges Collegium bestand, sondern nur zusammentrat, wenn der Rath ein Gutachten bedurfte. Die ständigen Assessoren waren dann die beiden Consulenten, zwei Scabinen und ein Senator und das gesammte „geistliche Ministerium," d. i. die 5 ordentlichen Geistlichen. Besonders Ehesachen gehörten zum Wirkungskreis des Consistoriums. Auch das Steinsetzer- oder Untergängeramt war nur eine zeitweise Function. Zwei Bürgermeister nämlich, ein Consulent, 4 Bürger aus dem Bauernstand (s. §. 3), drei geschworne Werkleute und der Stadtknecht hielten alljährlich den großen Untergang (anderorts auch Umgang oder Uebergang genannt), d. h. eine genaue Besichtigung der Marksteine auf der Markung der Stadt selbst und der Dörfer, wobei Förster und Flurer ihnen als Auskunftspersonen dienten. In der Stadt selbst nahm der Untergang Kenntniß von Bauschäden und reformirte oder genehmigte Neubauten. — Das Wachamt bekleidete ein Scabinus (Oberwachherr) und ein Senator (Unterwachherr);

sie referirten als Armeeministerium im souveränen Rath und hatten natürlich im letzten Jahrzehent des vorigen Jahrhunderts eine kostbare Thätigkeit zu entwickeln, wo die Schweinfurter Miliz (§ 42) im Felde stand. In enger Verbindung damit war das Commißamt und das Quartieramt, im Frieden in Einer Person vereinigt, bei Einquartirungslasten getrennt; letztere nach dem Steuerfuß regulirt; wohl beide nur unter eintretenden Umständen wirklich aktiv. Das Obervormundschaftsamt war ständig in den Händen zweier Bürgermeister; die Vormünder übergaben an diese das baare und sonst bewegliche Vermögen ihrer Mündel und das vom Obervormundsschreiber gefertigte Inventar. Die Amtsträger stellten jährlich Rechnung. — Das Kasten- und Lazaretamt, von einem Scabinus und einem Senator gegen eine Remuneration von 128 fl. administrirt, besorgte das städtische Armenwesen (s. unten § 55). Ein Senator und ein Bürgermeister verwalteten das Hospitalamt mit seinem reichen Stiftungsvermögen und führten die Oberaufsicht über 27 Spitalbedienstete, theils hier, theils auf dem Oekonomiegut Deutschhof (s. § 55). Die Wagordnung vom Jahr 1744 verlangt, daß fast alle Importartikel, ehe sie dem Käufer oder Besteller zukommen, in der Wage außer der oben § 43, b) erwähnten Bestimmung noch weiter auch nach ihrer Qualität besichtigt, Leder- und Tuchwaaren dann gestempelt werden. Die Oberaufsicht führte ein Siegel- und Tuchamt. — Weil 2 Zusätzer allmonatlich das Gewicht des Brodes controlirten, so gabs ein Brod- und Weckwägeramt. Das Justiramt (im Erdgeschoß des Hauses Nro. 157 B in der Brückengasse) verglich unangemeldet von Zeit zu Zeit die vorhandenen Gewichte und Maaße und approbirte neue. Ein Zusätzer und ein Achterherr bildeten das Feuerstättbesichtigeramt, ein Senator und ein Zusätzer das Marktmeisteramt, auch Stättamt genannt. Vom Helfamt im Concursproceß war schon § 19 die Rede. Selbst das Thorschließeramt lastete auf 4 Herren des Raths. Ueberhaupt machte der Sprachgebrauch hier aus vielen einzelnen Amtsverrichtungen ein eignes besonders bezahltes Amt, welch letzteres Wort dadurch eine so singuläre Bedeutung hier erhielt, wie in Hamburg, wo ein Schneideramt, ein Fleischeramt u. s. w. besteht. In den ersten Sitzungen nach dem Lucientag (s. oben § 15) fand die Vertheilung der erledigten Aemter statt.

§ 48. Gemeiner Stadt Bediente außer Raths.

In der vorhin erwähnten Designatio regiminis etc. werden unter die Bedienten auch die Geistlichen, der Rector und die Professores gezählt. Bundschuh spricht nicht von Bedienten, sondern von Rathsofficianten. Die Rathsprotocolle aber lassen bis in die letzte Zeit städtischer Reichsunmittelbarkeit den Rath in den ersten Sitzungen nach St. Luciä über die Bedientenannahme deliberiren, doch bleibt dabei die Geistlichkeit und die Rathskanzlei, 1 Secretär, 2 Kanzlisten, 1 Archivar, 2 Rechnungsrevisoren, 1 Obereinnahmsadjunkt und 2 Vormundschreiber, deren Vorsteher die Consulenten sind, ferner der Physikus außer Erwähnung, da diese Stellungen als definitive gelten. Alle übrigen „Bedienten" oder „Officianten" scheidet Bundschuh in Studirte und Unstudirte. Zu ersteren gehörte der Botenmeister, d. i. Expeditor, expedirender Kanzleisecretär, der Visirer, der Spitalkeller, der Zehentkeller, die 2 Mühlschreiber, der Zöllner und der Möblermeister*). Rechnet man dazu 4 Scabinen und 5 Geistliche, so fanden sich gleichzeitig 30 studirte Bürgersöhne im Stadtdienst verwendet. Außer diesen prakticirten noch 5 graduirte Aerzte und mehr als 20 (!!) Advocaten und Gerichtsprocuratoren — eine Zahl studirter schweinfurter Stadtkinder, die jetzt nicht annähernd erreicht wird. Unter den Unstudirten stehen voran der Rathsapotheker und der Centchirurgus. Ihnen folgen der Feldmesser und der Wagmeister. Auch der Herr Lieutenant der Feldsoldaten Seifert steht unter „gemeiner Stadt Bedienten außer Raths." Wie die Fürsten ihre Leibschneider, Hosliefe-

---

*) D. i. Aufseher der „Möbler, Bauhandwerker und Bauamtstaglöhner. Molitor und Bundschuh nennen den Möblermeister auch Baudirector, jedenfalls bekleidete er die Stelle des jetzigen Bautechnikers.

vanten haben, so hatte der Rath aus den Zünften besondere Meister für öffentliche Arbeit bestimmt. Es gab Rathsschreiner, oder Herrnschreiner, desgleichen Glaser, Büttner u. s. w. Der Herrenzimmermeister arbeitete sogar ausschließlich in städtischem Dienste. Zu den höheren unstudirten Rathsofficianten rechnet Bundschuh auch die 3 Müllermeister, die 2 Wehrmeister und den Bretterwascher (s. § 31). Außer allen diesen unterhielt der Rath noch eine „niedere Dienerschaft" von 89 Personen, die hier nicht aufgezählt werden können; bemerkenswerth ist nur, daß dabei der Revierjäger (unser jetziger Revierförster) in gleicher Rangesclasse steht mit Wiesenhüter, Bauamtsdrescher, Rathskutscher und Nachtwächter — ein Beleg, wie wenig der Rath den Werth der Waldungen schätzte. Alle diese städtischen „Bedienten" unterlagen einer alljährigen Bestätigung; die „Bedientenannahme" bei der auch der äußere Rath stimmfähig war, erfolgte entweder einfach, oder unter Vermahnungen, z. B. 1790 heißt es unterm 10. Dec.: „Die 2 Stadtknechte behalten den Dienst, sollen aber nicht so oft ins Wirthshaus gehen. Auch der Mühlschreiber und die drei Müller werden unter Admonition zur Treue bestätigt. Die 2 Herren Stadtlieutenants Hitt und Meyer sollen ihre Leute reinlicher halten und die Provisoner besser controliren. Die Jäger sollen die Brechholzgeher schärfer beaufsichtigen und keinen Schutzverwandten passiren lassen und die Jagd fleißiger treiben." Der Verf. der Designatio reg. Suinf. giebt eine andere Eintheilung der niederen Aemter, die er einzelnen Rathsämtern zuweist. Das Kirchen= und Schulamt (s. § 47) hatte das geistliche Ministerium unter sich, also den Oberpfarrherrn nebst seinen 4 Amtsbrüdern, den Rektor nebst seinen Schulcollegen, ferner, die Cantoren, Lehrer und die niederen Kirchendiener, in Summa 43 Personen. Zum Apothekeramt gehörte der Physikus und die praktischen Aerzte, die Chirurgen und Bader, der Rathsapotheker und dessen Personal, zusammen 20 Personen. Unter dem Bauamt wirkte der Mödlermeister mit seinen Rathshandwerkern und sonstigem dienenden Personal, der Wagmeister und die Zöllner, die 3 Müller mit ihren Leuten; die Wehrmeister, der Brauinspector nebst Personale, zusammen etwa 40 Personen. Unter dem Wachamt dienten außer dem Herrn Lieutenant und dem Herrn Zeugwart noch mehr als 50 Personen, darunter 5 Provisoner (Thorexaminatoren), 4 Thürmer, das Schleßhaus= und Spritzenpersonale, die Kaminkehrer und 12 Constabler. Das Spitalamt hatte die Oberaufsicht über den Spitalkeller oder Spittelmeister und dessen Oekonomiepersonale, gegen 30 Personen, wozu namentlich das bäuerliche Gesinde auf dem spitälischen Gute „Deutschhof" zu zählen war. Minder zahlreich waren die Untergebenen des Umgeldamts (10, darunter Visirer, Aicher, Herrenbüttner und Schröter), des Forstamtes (3 Jäger), des Bretteramtes (Bretterwascher und 1 Knecht) und des Zehntamtes (1 Zehntkeller mit 4 Zehntknechten).

§ 49. Die Soldatesca.

Diesen italienischen Ausdruck gebrauchen die Rathsprotocolle ohne allen gehässigen oder verächtlichen Nebengedanken vom städtischen Militär. Schweinfurts Contingent in einem Reichskriege betrug in simplo 60 Mann unter dem Commando eines Lieutenants (der im Feld auch zum Oberlieutenant vorrücken konnte) und eines Fähndrichs; im Verein mit dem Contingent von Rothenburg und Hohenlohe=Kirchberg bildete sich eine vollständige Compagnie; im Frieden erhielt Schweinfurt seinen Antheil zwar vollzählig, doch nicht felddiensttauglich und erwirkte letztere Eigenschaft im etwaigen Nothfalle durch Werbung, der aber öfters Concurrenz erschwerend entgegentrat. Regelmäßig befand sich nämlich in der Stadt ein kaiserliches und ein preußisches Werbcommando (s. § 4), dessen Officiere sich durch ein kaiserliches oder königliches Generalspatent vor dem Rathe persönlich legitimiren und dessen Genehmigung formell einholen mußten. Wenn dieselben nun dabei auch protocollarisch versprechen mußten, Bürgerssöhne, hier arbeitende Commis, Handwerksbursche und Lehrlinge nicht zu enrolliren, so wurde dieß doch nicht immer gehalten; Klagen des Raths waren matt und vergeblich, um so mehr, als die Väter der Stadt selbst Raufbolde und Fornicatoren auch aus den besagten Categorien den Werbern zu meist zehnjährigem Dienste

verkauften und den Erlös zur Deckung der Gerichtskosten und
der etwa später noch sich ergebenden Ausgaben verwendeten.
Im Jahre 1792 sollte die Stadt 1½ Simpla stellen. Das
Wachamt veranstaltete in großer Noth eine „Mannszusammen-
stellung," und ließ die felddiensttauglichen Leute fragen, ob
sie Feldsoldaten werden wollten. Als nun vollends 1795 zwei
Contingentssimpla gestellt werden sollten, erbot sich der Gene-
ralquartiermeister des Kreises Baron v. Eckardi, diese Mann-
schaft aufzustellen, wenn ihm der Rath für den Kopf 250 fl. fr.
zahle; in 2 Abschlagszahlungen wurden mittelst eines An-
lehens, wozu auch die Achter (2. Febr. 95) ihre Zustimmung
gaben, 14000 fl. an Herrn v. Eckardt bezahlt, was um so
schwerer fiel, als die Stadt zugleich 50 Römermonate à 67 fl.
zu entrichten hatte. Die Soldaten des Herrn Generalquar-
tiermeisters hat Niemand gesehen! Der Aufwand auf das
wirklich im Felde stehende Contingent, etwa 50 Mann betrug
jährlich gegen 10000 fl. fr. Molitor kann dabei seinen Arg-
wohn gegen die „saubere Administration der Stadt" nicht zu-
rückhalten. Die Löhnung des Gemeinen wurde von 8 kr. auf
14 kr. erhöht. Der Feldscherer bezog monatlich 16 fl. Conv.-
Münze; der Feldsoldatenoberlieutenant erhielt zur Herstellung
seines Zeltes 58 fl. fr. Ueber seine Feldgage finde ich nichts,
doch 1796 erhält Herr Premierlieutenant Seyffert, Jur. utr.
Cons., 6 fl. monatliche Zulage, um so mehr als er an der
Stelle des altersmüden Hohenlohischen Hauptmanns als Ca-
pitain-Lieutenant mit so viel Geschick fungirte, daß er selbst
von der fränkischen Kreisversammlung öffentlich belobt wurde.
Er hatte von hier aus unter sich 1 Feldscherer, 1 Waibel,
2 Corporale, 1 Zimmermann, 1 Trommler, 1 Pfeifer und
48 Gemeine. Die übrige Compagnie waren Hohenloher. Die
vielen hinterlassenen Soldatenfrauen und Kinder ernährte die
Stadt durch Almosen im Armenhaus. Neben diesen Feldsoldaten waren für innere Ordnung und Sicherheit noch Stadtsoldaten vorhanden. Eigentlich waren für solchen Dienst alle
Bürger verpflichtet und zu diesem Zweck in 4 Compagnien
unter je einem Hauptmann aus den Gliedern des innern
Raths nach den 4 Stadtvierteln getheilt. Allein weitaus
die meisten reluirten jährlich 2 fl. und davon wurde nun eine

Stadtsoldatesca im engeren Sinn erhalten unter einem Stadt=
lieutenant, der ordentliche Gage bezog und in Abwesenheit
des Feldsoldatenoberlieutenants die Nutznießung von dessen
Gärtchen (Schänzchen am nördlichen Ende des Walles) hatte.
Das Zeughaus enthielt alte Rüstungen und Handfeuerwaffen,
ferner 20 Feldgeschütze verschiedener Art; dieses alles wurde
in der Geldnoth des letzten Jahrzehents des 18. Jahrhunderts
verkauft, so wie später das Zeughaus selbst in Privatbesitz
überging. Die Oberleitung des ganzen Militärwesens hatte
das Wachamt (§ 47). Ueber das Verhältniß desselben selbst
zu dem Herrn Oberlieutenant s. §. 48.

§ 50. Besoldungen der Rathsherren und Officianten.

Ursprünglich sollten alle Rathsstellen Ehrenämter sein,
darum waren die Salarien äußerst gering und bestanden
eigentlich nur in einem jährlichen Holzdeputat, dem Jagd=
und Fischereirecht und einem kleinen Geldbezug „für Ehren=
kleid und Mantel." Außer den Erträgnissen der einzelnen
Aemter ist über diesen Geldbezug wenig Sicheres aufzufinden,
da ein beßfallsiger Specialbericht Molitors hier im Concept
sich nicht vorfindet. Der Reichsvogt bezog 150 fl. fr. 10 Klaf=
ter Holz, 30 Schock Wellen, 6 Malter Korn und berechnete
selbst seine Accidenzen auf 78 fl. Der vorletzte Reichsvogt
Freitag z. B. war Mitglied einer städtischen Straßenbaudepu=
tation und theilte mit Bürgermeister Heunisch ein Douceur
von 60 Rthlr., trotz der Einrede des Achterstandes, die als
unbefugt zurückgewiesen wurde. Der Syndicus bezog laut
RP. 1801 200 fl. als Salar, dazu Accidenzien (?). In einer
Obereinnahmsrechnung von 1791—1800 fluctuiren die Jah=
ressalare für die 4 Bürgermeister zusammen zwischen 895 und
989 fl., so daß auf einen durchschnittlich etwa 230 fl. kam.
So dürftig diese Einnahme scheinen mag, so wurde sie doch
durch den Ertrag der Einzelämter und Nebenbezüge nicht un=
beträchtlich und Bestechungen waren selbst bei Erledigung eines
kleinen Aemtchens nicht selten. Schon oben § 20 wurden laut
werdende Klagen selbst in Form von Pasquillen erwähnt.
In einem solchen heißt es: „Der Kaiser würde große Intra=

„den machen, wollte er die Aemter öffentlich für klingende
„Münze versteigern laffen. Ein jeder Rathsherr und Bediente,
„der sonst das übernächtige Brod nicht hatte, hat bald, wie
„Jedermann sehen kann, volles Genüge. Das Stättamt ge=
„hört zu den mindest rentablen und doch sagt die Frau eines
„bereits alternden Zusätzers: Mein Mann muß das Amt
„schon noch behalten. Es ist ein gar gutes Aemtlein." Der
Rath erkannte besonders 1792 und 93 die eingerissenen Miß=
bräuche, war aber unendlich bedächtlich in Abstellung derfel=
ben. In den §§ 23 ff. find 44 Aemter aufgezählt, meist von
2 Amtsträgern versehen, deren somit nahe 88 erforderlich er=
scheinen; doch waren (§ 14) in Summa nur 32 vorhanden,
von denen überdieß die Achter nur zur Feuerstättbesichtigung
und zur Austheilung der reichen Schüssel (s. § 55, c) verwen=
det wurden. Es kamen also neben dem Salar noch durch=
schnittlich 3 Aemter auf einen Herrn des Raths, die einträg=
licheren natürlich auf die Bürgermeister und auf die älteren
Senatoren. Aus glaubwürdigen Privatpapieren entnehme
ich, daß die kurbaierische Regierung die Pension eines Bür=
germeisters auf 600 fl., eines Scabinen auf 480 fl., eines Se=
nators auf 400 fl. und eines Zusätzers auf 90 fl. bestimmt,
wobei ein großer Theil der per fas oder nefas bezogenen Emo=
lumente außer Ansatz blieb. Die Amtsvertheilung s. § 14 a. E.
Die Rathsofficianten erhielten bestimmte Gefälle, nur wenige
(cf. § 33) über 100 fl., und Nebenbezüge, meist auch Dienst=
wohnungen. Die niedere Dienerschaft war auf Taglöhne ge=
setzt, die sich (Nb. 5 g) auf etwa 40 kr. belief. Ueber die
Löhnung der Soldatesca § 49.

§ 51. Vom Kirchenwesen.

Die Stadt hat 3 Kirchen, St. Johannis, St. Salva=
tor und die h. Geist=Kirche; letztere (eigentlich Spitalkirche, früher
zu Leichengottesdiensten benützt und als diese außer Gebrauch
kamen als Militärmagazin) wurde durch kurfürstl. Mandat
vom 26. Jan. 1803 dem katholischen Kultus abgetreten. An
den 2 andern Kirchen fungirten fünf Geistliche, Oberpfarrer,
Archidiakonus, Diakonus, Subdiakonus und Pfarrer bei St.

Salvator, jeder hatte seine besondere Seelsorge. Der Sprengel des Pfarrers zu St. Salvator umfaßte seelsorgerlich nur die Feld- und Stadtsoldaten, die Schutzverwandten, die Bewohner des Armen- und Waisenhauses und das Spital. Der Salvatorpfarrer rangirte persönlich mit den Dorfpfarrern nach dem Dienstalter. Seit 1774 besteht bei St. Salvator noch eine Nachmittagspredigerstelle, durch den Rhönwerraischen Ortssecretär Stör gestiftet, die Candidaten oder Lehrern der lat. Schule Gelegenheit gab zum Predigen. Die sämmtlichen ordentlichen 6 Geistlichen zusammen bildeten das geistliche Ministerium. Ueber dessen Verhältniß zum Consistorium s. § 47. Das Summepiscopat concentrirte sich im souveränen Rath der freien Reichsstadt, der seine 8 Geistlichen in Stadt und Land, die 6 ersteren mit Beziehung des äußern Raths und der Achter bestellte (§ 34). Letzter Umstand hatte zur Folge, daß noch jetzt an Ausübung des Patronatrechts die Gemeindebevollmächtigten mit entscheidender Stimme Theil nehmen. Candidaten für eine erledigte Stelle wurden vom Ministerium examinirt, im günstigen Falle ordinirt und auf den „Regimentsstab" in vollem Rathe verpflichtet. Letzterer war ein metallner, versilberter Scepter, oben ein Krönchen und ausgestreckte Schwurfinger, gewöhnlich im Polizeizimmer neben dem Ochsenziemer hängend und gar oft auch zu nicht eben eidlichen Verpflichtungen gebraucht, wenn der Herr Senator nicht Lust hatte, die grobe, nicht immer ganz appetitliche Hand des Bauern mit eigner Hand zum Gelübde zu empfangen. Dabei war in den letzten Jahrzehnten wohl noch von reiner evangelischer Lehre die Rede, doch nicht mehr von den symbolischen Büchern en bloc. Auch die Reichsschultheißen von Gochsheim und Sennfeld sprachen bei Erledigungsfällen die Vermittlung des Rathes an, der dann den Candidaten nach vorausgängiger in einer Plenarsitzung des Raths vom Oberpfarrer vorgenommenen Separatprüfung ordiniren ließ. Alle durch Tod erledigten Stellen blieben 4 Trauerwochen unbesetzt. Die Erträgnisse der Stellen waren für jene Zeit ausreichend, um so mehr als 1812 das Subbiaconat eingezogen und der Anfall zur Aufbesserung der 4 anderen Stellen verwendet wurde. Das ganze Stiftungscapital für Kirchen- und

Schulbedürfnisse betrug 49335 fl. fr. = 62293 fl. rh., Holz=, Getreide= und Weinreichnisse mußten das Deficit ausgleichen. Doch würden unter jetzigen Geldwerthverhältnissen die hiesigen Stellen zu den geringst dotirten Stadtpfarreien gehören, wenn nicht in neuerer Zeit (1838) die reiche Schrammische Erbschaft angefallen wäre *). Die Stolgebühren waren äußerst niedrig; beispielsweise betrug die Gebühr für eine Leichenpredigt zwischen 10 Batzen und 1 Thlr. Letztere wurde nicht immer begehrt, wurde aber dann am bereits bedeckten Grabe gehalten, da die Beerdigung selbst Abends Statt fand. Selbstmörder wurden in schlechtem Sarge von 4 Pfründnerweibern auf den Kirchhof geschafft und dort in eine Ecke verlocht. Ueber Consistorialsachen s. oben § 19. Sein Episcopat übte der Rath auch in eigentlich kirchlichen Dingen. Bei allen Solennitäten bestimmte er Lieder, Text und Rituale; er erinnert durch schriftlichen Erlaß an besondere Materien, die die Geistlichen von der Kanzel und im Schulunterricht mit mehr Nachdruck treiben sollten (so z. B. 1795 die Lehre von den letzten Dingen und vom Weltgericht). Rathsmonita über das Privatleben müssen sich die Ministeriales in Demuth gefallen lassen. Pfarrer Bundschuh muß sich's in Sessione verheben lassen, daß er das Beichtsiegel gebrochen. Das Beichtvaterverhältniß war im letzten Jahrzehnt des 18. Jahrhunderts überhaupt ein ganz anderes, der jetzigen Generation völlig fremd gewordenes. Jeder Geistliche hatte nicht blos in der Woche für seine speciellen Beichtkinder Sprechstunden, in denen sich diese, wie

---

*) Die 2 Brüder Schramm und deren Schwester, Kinder eines hiesigen Thürmers, alle drei ledigen Standes, bestimmten zum Haupterben ihres durch langjährige musikalische Thätigkeit in England erworbenen Vermögens die städtische protestantische Kirchenstiftung, welcher nach Abzug der Legate etwa die Hälfte nämlich 95740 fl. verblieb, wovon seitdem jährlich 1600 fl. an die 4 Pfarrer, 1100 fl. an 11 Lehrer bezahlt werden; 89 fl. kostet die Verwaltung und der Rest, etwa 350 fl. wird auf Cultus, Unterricht und Wohlthätigkeit verwendet. — Die letzt überlebende, Clara Schramm, starb am 23. Oct. 1838. Die Gräber der drei Erblasser sind längst zerwühlt. Durch kein Denkmal hat Dankbarkeit ihre Stätte bezeichnet (vgl. § 21).

vom Arzte, Rath für ihre Seelenschäden erbaten, (natürlich ohne Aufzählung einzelner Sünden, also keine Ohrenbeichte), sondern jeder **Geistliche** hielt den Abendmahlsgästen aus der **Zahl seiner Beichtkinder** Samstags vorher eine Beichtvesper, auf die dann das Sündenbekenntniß der einzelnen folgte, welches der Rathsbericht vom Jahre 1803 sogar Ohrenbeichte nennt (p. 10). So blieb die Sache, bis 1805 Dr. Holler als erster baierischer Stadtcommissär hierher kam. Dieser Herr, damals erst 25 Jahre alt, ist älteren Bürgern wohl als gefürchteter Polizeimann bekannt, der gegen reichsstädtischen Schlendrian mit rücksichtsloser Strenge einschritt und sich Gehorsam erzwang. Wenige aber dürften sich noch erinnern, daß dieser katholische Beamte, der 11 Jahre später besonders wichtigen Antheil an Abfassung des Concordats zwischen der Krone Baiern und der römischen Curie hatte (s. Convers.=Lex. der Gegenw. u. d. W. Holler), das jetzige Beichtverhältniß in Schweinfurt einführte. Da er nämlich als königlicher Commissär in seinem Bezirk auch mit Handhabung des Summepiscopats betraut war, welches der Landesherr damals noch ohne Vermittlung eines Consistoriums übte, so stand ihm auch Einsicht und Eingriff in das protest. Kirchenwesen zu, und von seinem confessionellen Standpunkte aus mochte ihm die Person dessen, der Beichte hört und absolvirt, gleichgiltig oder unwesentlich erscheinen; und wahrscheinlich gerne fügte sich die im Dienst erleichterte Geistlichkeit in seinen Vorschlag, daß allwöchentlich nur Einer im Turnus die Beichte abhält, während man sich doch bei seinem speciellen Seelsorger anmelden und in dessen Buch sich eintragen läßt. Holler's Einrichtung erhielt ihre Sanction durch Ordre der baierischen Landesdirection qua protest. Consistorium, d. d. Bamberg am 12. Dec. 1806 und wird befolgt seit 4. Jan. 1807. Das Bewußtsein unseres lutherischen Bekenntnisses ist dadurch der Gemeinde so sehr abhanden gekommen, daß man „katholische Ohrenbeichte" fürchtete und massenhaft protestirte, als 45 Jahre später der, so viel ich weiß, in allen protestantischen Stadtgemeinden übliche Gebrauch eingeführt werden sollte, daß jeder Beichtvater nur seinen Beichtkindern die Beichtrede halte. — Schon 1802 (18. Oct.) stellte die hiesige

Geistlichkeit die Bitte, daß Kurbaiern ein Consistorium für die neuacquirirten Reichsstädte errichten möge, das unmittelbar mit dem höchsten Bischof (Kurfürst) in Verbindung stehe und namentlich in Ehescheidungssachen endgiltig sprechen dürfe, und Max Joseph hatte in der That schon damals seine Geneigtheit dazu erklärt. Molitor erklärt die damalige Geistlichkeit für nicht befähigt; der Oberpfarrer Voit sei ein finsterer Zelot, Bundschuh zwar kenntnißreich und talentvoll, aber zuviel mit politischer Journalistik beschäftigt, die übrigen seien Leute von nur mittelmäßigem Talente und Wissen. Rechtskenntnisse für Ehefragen fehle Allen; die Ehescheidungen seien überhaupt aus polizeilichen und finanziellen Gründen möglichst zu beschränken. Das gewöhnliche Forum und der Spruch einer protest. Universität reiche aus.

§ 52. Unterrichtswesen.

Deutsche Schulen gabs 1802 nur 3, natürlich noch ohne Trennung der Geschlechter (in Würzburg schon 1790 vollzogen, in Ansbach 1812), dazu noch ein paar Winkelschulen. Eigentlich war für jedes Stadtviertel eine Schule bestimmt. In Würzburg bestand 1789 schon ein Schullehrerseminar; für die hiesigen Lehrer hielt Archidiakonus Voit 1789 eine „Fortbildungsanstalt," die eine kleine Bibliothek besaß und zu der auch die Lehrer der drei Dörfer beigezogen wurden. In schroffem Gegensatz damit stand die tief ärmliche Stellung der Lehrer selbst und die Klage, „daß so viele Kinder ohne allen und jeden Schulunterricht aufwachsen (RP. 1795), so daß endlich wohl ein Schulzwang eingeführt werden müßte." Gehalt bezogen die Lehrer in deutschen Schulen bis 1783 gar nicht; sie trieben ein concessionirtes Geschäft; erst da erhielten sie je 5 fl., 5 Reif Scheitholz und 8 Schock Wellen. Auf unterthänig demüthige Vorstellung erhält (RP. 1789, p. 314) ein deutscher Lehrer eine Zulage von 5 fl., ein anderer (Ebend. 1790 p. 114) 4 fl. Lehrerwittwen und Waisen hatten im Fall der Arbeitsunfähigkeit Hoffnung auf einen Platz im Pfründner- oder Waisenhause. Bei Erledigung wurden die Bewerber in Gegenwart des Scholarchats vom

Oberpfarrer geprüft; auf den Dörfern wurden die Bauernmeister und das Dorfgericht beigezogen und gefragt, ob sie zu dem Bewerber Vertrauen hätten. So bei der Wahl Strebels in Oberndorf, (RP. 1789 p. 720). Auf die jetzige Bevölkerung von 8400 Seelen kommen etwa 1000 Volksschüler, die sich auf 14 Schulen vertheilen, wobei auf eine durchschnittlich 71 Schüler kommen. Auf eine Bevölkerung von 6200 Einwohner kamen in diesem Verhältniß 700 schulpflichtige Kinder, diese also auf 4 Schulen vertheilt träfen auf Einen Lehrer 175; jetzt erscheint dabei eine gedeihliche Wirksamkeit freilich unmöglich; doch weiß Schreiber dieser Zeilen, der auch noch über 200 Mitschüler in der Volksschule hatte, daß eine instinktmäßig geübte Bell=Lancastersche Methode in Verbindung mit der des horazischen Orbilius doch den vorgesetzten Zweck Lesen, Schreiben und die Elemente des Rechnens bei all den Kindern nach etwa 4 Jahren erreichte, die nicht schon von Haus aus für die Schaufel oder den Besen bestimmt waren. Ueber dieß besuchten ja viele Kinder hier, wie anderorts, gar keine Schule und neben den Volksschulen bestanden schon seit 1783 Töchterschulen als Privatunternehmen; besonders die einer Frau Schnetz wurde in Becker's deutscher Zeitung gerühmt und ist aus einer in Offenbach gedruckten Schrift „Ueber Erziehung der Frauenzimmer 1785" in weiteren Kreisen bekannt worden. Viel sprach man im Rathe von einer weiblichen Industrieschule, doch kam es zu nichts weiterem, als daß einige Lehrersfrauen privatim Unterricht in weiblichen Arbeiten ertheilten.

Für höhere Ausbildung der männlichen Jugend bestand schon seit 1582 eine Lateinschule, die wenigstens zuletzt fünf Classen mit eben so vielen Lehrern zählen sollte, welche außer den Realien noch Grammatik, Rhetorik; griechische Sprache und „Anfangsgründe der Theologie" lehrten, für französische Sprache, Mathematik und Zeichnen waren Fachlehrer angestellt. Der oberste Lehrer hieß Conrector, die übrigen Schulcollegen. Neben dieser Lateinschule bestand noch eine weitere Classe, die als Selecta das Gymnasium Gustavianum genannt wurde. Gustav Adolph war nämlich am 2. October 1631 mit seinen siegreichen Truppen als Schirmherr des Protestantismus so freundlich aufgenommen und verpflegt worden, daß er der Stadt 17 bedeutende Dörfer und einen Hof aus der Gegend zu eigen gab und in dem Schenkungsbriefe (d. d. Frankfurt a. M. 2 Mart. 1632) ausdrücklich bestimmte, daß die Gefälle davon „zur Errichtung eines Gymnasii Gott zu Ehren und der studirenden Jugend zum Besten" verwendet werden sollten. Acht Monate darauf vereitelte die Schlacht bei Lützen die Freude der Schweinfurter. Blieben die Schweden auch noch einige Jahre Meister in Franken, so gab doch der Wechsel des Kriegsglücks dem Bischof Franz 1638 Gelegenheit sein Eigenthum wieder in Besitz zu nehmen. Dennoch behielt der Rath der Reichsstadt sein Gustavianum bei, das 1634 feierlich eingeweiht wurde. Aber nur ein Rector, der auch die lat. Schule unter sich hatte und in derselben unterrichtete, konnte demselben seine ganze Kraft widmen. Die weiter nothwendigen Lehrkräfte wurden aus der Stadtgeistlichkeit genommen, der also jetzt außer der Seelsorge und dem Predigtamt auch noch ein Schulamt ohne besondere Vergütung oblag. Unverdrossen übten solche Männer ihren schweren Doppelberuf gegen geringen irdischen Lohn fast 180 Jahre. Vertrauensvoll sandten Aeltern höherer Stände aus weiter Ferne, selbst aus Gothenburg, ihre Söhne hierher zum Zweck ihrer Ausbildung; 1235 Zöglinge, also jährlich im Durchschnitte 7—8 hatte das Gustavianum zur Universität vorbereitet*).

Der Oberpfarrer war Inspector aller Schulen. Er, die 2 Kirchenamtsträger und 2 andere Rathsdeputati bildeten die jährliche Prüfungscommission, die dann an den Rath in sessione berichtete. Dieser decretirte, wie z. B. 1790 (RP. p. 390):
„Den Schulcollegen wird inculciret, sie sollen vor Anfang der „Schulen nicht deambuliren im Schulsaale; der Oberpfarrer „hat über präcisen Anfang zu vigiliren. Die Conduitenlisten

---

*) Die reichen Stipendien für letztere sind allermeist an Familiennamen gebunden oder doch an Abstammung von einem Stadtbürger; wenige haben allgemeinere Bestimmung z. B. „für einen armen Tropfen." Das Collaturrecht ist von jeher in Händen theils der Familienältesten, theils des Stadtraths. Seit dem Verluste der reichsstädt. Souveränetät übt die Regierung das Oberaufsichtsrecht.

„der Schüler sind bei strenger Strafe monatlich dem Rath zu „insinuiren. Die Schüler sind sine exemtione aufzurufen. „In Secunda sollen fleißiger Verse gemacht werden." Einzelne Lehrer erhalten noch besondere Rathsmonita.

Die franz. Invasion 1796 wirkte völlig zerstörend auf alle Verhältnisse. Die Schülerzahl der Selecta sank in diesem Jahr auf drei herab und als 1802 Rector Raßdörfer nach 33jähriger Amtsführung starb, beschloß der Senat, daß die zwei Competenten eine Zeit lang vicariren und sich auch in die Lehrfächer des Rectors theilen sollten. Die kurpfalzbaierische Hofcommission fand 1802 hier 4 Gymnasiasten vor und mit Einschluß der fungirenden Geistlichen 6 Lehrer: Oberpfarrer Joh. Pet. Voit, Archidiakon Joh. Casp. Bundschuh, Diakon Joh. Mich. Sixt, Subdiakon M. Großgebauer, Präceptor M. Chr. Weinich und Dr. Paul Christ. Voit, cand. theol. Nähere Betrachtung der Sachlage führte jedoch weiter; die Nothwendigkeit des Gustavianums selbst erschien fraglich. Einfache Rechnung ergab, daß volle Erhaltung von 2 oder 3 ärmeren Studirenden an einem andern Gymnasium weit weniger kosten werde, als eine noch so kärgliche Fristung der hiesigen Selecta. Unterm 5. Dec. 1804 erfolgte die Auflösung der Gesammtanstalt. An die Stelle trat unter wechselnden Titeln eine Realschule mit bald mehr, bald weniger Beigabe von Latein und Griechisch; die hier gebildeten Zöglinge traten entweder zu Gewerben über, oder bezogen Gymnasien (Würzb. Ansb. Nürnb. Bamb.) oder wurden durch Stadtgeistliche (Sixt, Großgebauer, Ullrich, Fabri) zur Maturitätsprüfung privatim vorbereitet. Das Wiederaufleben des Gymnasiums blieb frommer Wunsch bis im J. 1829 Magistrat und Gemeindebevollmächtigte einen namhaften Zuschuß zu einem vollständigen Gymnasium der Staatsregierung anboten und letztere den allerdings bedeutend größern weitern Bedarf zu decken übernahm. Besonderes Verdienst gebührt dabei unbestreitbar dem damaligen Bürgermeister Kirch, dem Dekan Ullrich in seiner Eigenschaft als Landrath und dem Regierungsdirector Graf Giech. Nach dem königlichen Restaurator heißt die Anstalt seitdem Ludovicianum.

Mit dieser Schulanstalt war seit nicht bestimmbarer Zeit

ein Alumneum verbunden für 16 Zöglinge, die ihre gemeinsame Wohnung im Hauptbau der gegenwärtigen Studienanstalt hatten. Ständige Mittel zur Erhaltung dieser Leute waren aber durchaus nicht vorhanden, sondern die Betten, je eines für 2 Knaben, und sehr einfache Zimmereinrichtung stellte der Stadtrath, das Spital gab den Alumnen wöchentlich je 8 Pfd. Brod; von jeder Hochzeit erhielten sie Liebesgaben an Brod, auch Kuchen und Wein; warme Mittagskost erhielten sie bittweise an den Tischen wohlhabender Bürger. Allsonntäglich sangen sie vor den Thüren der Bürger gegen eine kleine Geldgabe, die sich in der letzten Zeit auf etwa 350 fl. im Jahre summirte; wenn dieß zur Kleidung, Bücherbedarf und Schreibmaterial nicht ausreichte, so gab der Stadtrath noch einen kleinen Zuschuß. Die Anwartschaft auf eine Stelle im Alumnat war bedingt durch eheliche Abstammung von einem dürftigen Stadtbürger oder Grundholden des Gebiets und durch mehrjährige freiwillige Theilnahme am Sonntagsumsingen. Auswärtige (Extranei) z. B. ritterschaftliche Unterthanskinder konnten in erledigte Stellen einrücken gegen ein Reichniß von jährlich 40 fl. fr. Die Aufsicht führte zuletzt der greise Raßdörfer unter Weinichs Assistenz. Das Einreißen von mancherlei Uebelständen ist aus allen diesen Umständen leicht erklärlich. Der Magistrat berieth einmal ums andre über Reduction oder Reformation der ganzen Anstalt.

Der Commissär Molitor lobt an allen Lehrern sehr achtbare Kenntnisse und einen untadelhaften Charakter, beklagt aber, daß sie theilweise schon im Greisenalter stünden. Zweierlei Anstände desselben haben ihren natürlichen Grund in seiner eignen Bildung an einer Schule nach jesuitischem Zuschnitt. Während dieser Orden in seinen Erziehungsgrundsätzen Aemulation, Ehrtrieb als Haupthebel benützte, waren hier alle Preise verpönt und von Rathes wegen den Lehrern sogar verboten, unter den Schülern eine Rangordnung nach dem Erfolg ihrer Arbeiten festzustellen. „Vermuthlich konnten „die Rathsherrn nicht vertragen, daß der geschickte Sohn eines „gemeinen Bürgers einem unwissenden Rathssohne vorgezogen „werde." Mag wohl das wahre Motiv gewesen sein; denn es ist schwer anzunehmen, daß damals hier Döderleins

(Reden, Bd. 1, p. 27 ff.) Maximen maßgebend waren. „Un=
„zweckmäßig erscheint ferner, daß der Lehrer nicht mit seinem
„Schülercötus durch alle Claſſen vorrückt, ſondern an ſeiner
„Claſſe verbleiben muß bis zur Erledigung einer nächſt höhe=
„ren Stelle. Der Lehrer lernt dabei ſeine Schüler nicht ken=
„nen, kann nicht zweckmäßig erziehend einwirken. Es würde
„jetzt vor allen Dingen zu verordnen ſein, daß jeder Lehrer
„mit ſeinem Schülercötus alle Claſſen der Anſtalt durch=
„laufe und mit einem neuen Curſus von unten anfange"*).

§ 53. Wiſſenſchaft und Kunſt.

Um dieſelbe Zeit, in der Friedrichs II. Siege dem Aus=
lande Reſpekt vor deutſcher Tapferkeit abzwangen, befreite ſich
mit nie geahnter Kraft auch der deutſche Geiſt von den Feſſeln
des Auslandes. Noch am Anfang des ſiebenjährigen Krieges
erſchien Leſſing's Emilia Galotti, Miß Sara Samſon und das
Soldatenglück, vorher ſchon Klopſtock's Meſſias. Vaterlands=
liebe überhaupt hatte die Bewunderung des Franzoſenthums
in Haß verwandelt (Gleim, Ramler, Uz). Der große Fried=
rich mit ſeiner höfiſchen Umgebung ſtand in ſeinen letzten Le=
bensjahren mit ſeiner immer vorwiegend franzöſiſchen Ge=
ſchmacksrichtung auch in Preußen allein, aber die Freiheit in
Wort und Schrift mußte nothwendig auch belebend und kräf=
tigend in weiteren Kreiſen wirken und wenn auch Oeſtreich
und Baiern damals noch ſich gegen norddeutſches Weſen ab=
zuſchließen verſuchten, ſo öffnete ſich doch beſonders Franken
dieſem neuen Geiſte, wo 1779 Franz Ludwig regierte, der
größte Fürſt, der je auf einem fränkiſchen Regentenſtuhle ge=

---

*) Ein und dreißig Jahre ſpäter, als der unter Wallerſtein's Mini-
ſterium zu Rath gezogene Biſchof Richarz denſelben Antrag machte,
hatten Thierſch und der nachmalige Miniſterialrath Faber, der damals in der Studienſection des Miniſteriums arbeitete, alle Mühe,
dieſem Extrem wenigſtens die Spitze abzubrechen. Aber auch die
abgeſchwächte Form der Molitor-Richarz'ſchen Einrichtung (allerh.
Erlaß d. d. 3. Febr. 1834) zeigte ſich nicht lebensfähig und wurde
bald zu Grabe getragen. Hoffentlich nicht zu „fröhlich Urſtänd".

sessen. Die kleine Reichsstadt Schweinfurt nahm nach Kräften Theil an dieser Bewegung. Schon 1774 stifteten academische Freunde eine Lesegesellschaft. Der Göttinger Musenalmanach war seit 1770 hiesig; die Schriften des Hainbundes wurden gelesen. A. v. Haller, Hagedorn, Liscov, Rabener, Klopstock, Lessing, Möser, Wieland, Herder circulirten in dem Verein. Die Ueberschwänglichkeiten der Drang- und Sturmperiode blieben nicht aus; es existirt der Brief einer Schweinfurter Bürgerstochter, die dem Dichter von Cabale und Liebe ihre Hand anbietet. Besonders seit 1779 erweiterte sich der Einfluß des Vereins, weckte nun aber auch ängstliches Mißtrauen der Altreichsstädter, welche Freimaurerei, Illuminatengeist, Naturalismus, Atheismus kommen sahen und Spionage und Denunciation gegen die Gesellschaftsglieder wirken ließen, bis der Magistrat den „Ketzermachern" Stillschweigen auferlegte. Schaffende, wissenschaftliche Kräfte hat Schweinfurt damals so wenig erzeugt, als später; aber receptive Thätigkeit war in achtbarem Grade von jeher vorhanden. Ist doch Schweinfurt die Geburtsstätte der noch blühenden leopoldinischen Academie der Naturwissenschaften. Die hiesige philomathische Gesellschaft hatte 20 ordentliche, mehrere außerordentliche Mitglieder, hielt wöchentlich eine Zusammenkunft, in der ein Secretär Protocoll führte. „Man muß der „Gesellschaft die Gerechtigkeit widerfahren lassen, daß manches „wichtige Werk durch sie in der Stadt bekannt geworden, „manches reichsstädtische Vorurtheil verschwunden ist, daß durch „sie literarischer Geschmack und Denkweise in eine neue Epoche „getreten, ja erst geschaffen worden ist." Lectüre war jetzt Bedürfniß. Eine erweiterte Reorganisation nach dem Muster der neusten Mainzer Einrichtung verdankte die Gesellschaft dem Rhön-Werraischen Ortssyndicus Hofrath Pollich, einem organisatorischen Talente, unter dem sie von 1787 an bald über 100 Mitglieder zählte und wenn auch unter mancherlei Störungen und Schwankungen doch noch 1802 in gemeinnütziger Wirksamkeit bestand. Mannigfache Versuche zu Gründung einer Leihbibliothek für das größere Publikum scheiterten in kurzen Fristen. Dagegen war die Rathsbibliothek wöchentlich zweimal mehrere Stunden dem wissenschaftlich strebsamen Bürger geöffnet. Der Grundstock derselben stammt aus dem Nachlaß verstorbener Rathsglieder, ist also vorwiegend historischen, juridischen, auch medicinischen Inhalts. Besondere Erwähnung verdient eine Pergamenthandschrift des Sachsenspiegels aus dem 13. oder 14. Jahrh., die Homeyer in Berlin benutzt und beschrieben hat. Im J. 1795 war eine Rathsdeputation beschäftigt mit Katalogisirung der Bücher, Verkauf von Doubletten und Regelung der Nachschaffungen. Das Jahr 1796 lähmte die schönen Vorsätze so, daß Molitor 1802 meint, die Bibliothek, die höchstens von den Consulenten benutzt werde, solle zum Zweck der Stadtschuldentilgung verkauft werden. Eine Buchdruckerei existirte hier schon 1543. Aus diesem Jahre ist die hier gedruckte Kirchenordnung der Stadt, ferner 71 weitere bis 1795 heraufgehende Rathsverordnungen, Casualreden, Schulprogramme, auch einige Bücher, zuletzt sogar hier erscheinende Tagblätter, zeugen für den ununterbrochenen Bestand der Druckerei. Daß der bessere Theil der Bürger und ihrer Frauen für wissenschaftlichen Fortschritt nicht unempfänglich war, bewies die große Theilnahme, welche des jungen Schulcollegen P. C. Voit populäre Vorträge über Astronomie fanden, verbunden mit Beobachtungen auf dem zu diesem Zweck eingerichteten Observatorium auf dem Thurm über dem Spitalthor.

Kürzer kann ich sein über Leistungen der Kunst. Hier fehlten in der vielfach geplagten, durch Krieg verarmten, nicht finanzwirthschaftlich regierten Reichsstadt alle Bedingungen. Kein einziges Gebäude von architektonischer Bedeutung schmückte dieselbe; nach Werken bildender Kunst oder der Malerei — beide pflegen mit der Baukunst Hand in Hand zu gehen — sucht man hier noch jetzt vergebens. Ein achtbarer Maler dritten Ranges war Geiger.

Von der Dichtkunst in der Reichsstadt geben die zahlreichen noch vorhandenen Leichen- und Hochzeitscarmina nicht eben einen hohen Begriff. Doch wurde hier 1789 Friedrich Rückert geboren und erhielt hier seine Gymnasialbildung. — Die edle Musica gedieh von jeher nur unter der Pflege weltlicher und geistlicher Fürsten und eines reichen Adels. „In Schweinfurt," schreibt Bundschuh, „mißlingen alle Versuche zu einem erträglichen Concert. Unsere Wintervergnügungen sind Clubs, in denen man spielt und isset und trinkt, manchmal auch tanzt, und wer letzteres gerne thut, dem wird auch leicht gepfiffen."

§ 54. Armenanstalten im Allgemeinen.

Wenn der Bewohner der baierischen Provincialstadt Schweinfurt sich's gerne mit einer gewissen Selbstzufriedenheit sagt, daß hier keine Zwangsalmosensteuer entrichtet werde, wenn mancher auch den mit der Johannispflege affiliirten Hülfsverein für unnöthig achtet, so soll er nicht vergessen, daß sein Großvater, der freie Reichsbürger, alljährlich die Hälfte seiner directen Steuern an's Kastenamt entrichten müßte, welches zugleich Almos= oder Lazaretamt (§ 46) war. Eben dahin floß auch der Inhalt der Almosenkästen in den zwei Kirchen und in den Wirthshäusern und Garküchen, die Gebühren für Haustrauungen, die Einkaufsgebühren für hierher heirathende auswärtige Weibspersonen, die Bußgelder der Bürger, die ein Meisterrecht erhalten ohne Meisterssöhne zu sein oder eine Meisterstochter zu heirathen. Die Almosensteuer selbst ergab etwa 5000 fl. reinen Ertrag. Das Siechamt, das früher aus dem Kastenamt ein Capital entnommen hatte, deckte die Zinsen durch einen jährlichen Holzbeitrag für die conscribirten Stadt= armen, welche überdieß an zwei Wochentagen unter Respicienz des Vogtes betteln gehen durften. Die Geldunterstützungen der Almosenparticipienten können nicht groß gewesen sein, da eine Schullehrerwittwe (1799) dankbar ist, wenn sie statt des bisherigen Almosengenusses nun die „Reiche Schüssel" (s. § 55 c.) erhält.

§ 55. Milde Stiftungen.

a) Das Spital.

Alle die weitläufigen Baulichkeiten, die nördlich an das Spitalthor zunächst anstoßen, also die Wohnung des katholi= schen Pfarrers, die Spitalkirche, die sämmtlichen Localitäten der Zuckerfabrik (auch das neue eigentliche Fabrikgebäude steht auf dem Grund eines zu diesem Zwecke erst rasirten Baues), das jetzige Rentamtsgebäude gehörten zur Spitalstiftung, die vorzugsweise eine **Pfründneranstalt** war. Der wichtigste Besitz der Stiftung ist noch jetzt das Deutschhofgut, etwa ³/₄ St. NO. v. d. Stadt, eine Landökonomie von etwa 300 Morgen Landes. Die Urkundensammlung im Reichsarchiv Bd. II. N. 109 weist nach, daß das **Deutschhofgut** im J. 1519 von einem Hermann Schneider um 234 ½ fl. fr. erkauft worden ist. 5 Wohngebäude, 7 Scheunen, 10 Nebengebäude dienten zur Bewirthschaftung der ganzen Stiftung. Die spitälische **Waldung** *) betrug 444 Morgen, die Weinberge 13 ³/₄ Morgen, Ackerfeld noch außer dem Deutschhof 350 Morgen, Wiesen 213 ³/₄ Morgen. Bei alledem und alledem hatte die Spitalstiftung am Ende des Rechnungsjahrs 1802 nichts übrig wegen der Lasten, die freilich nicht aus dem Zweck selbst erwuchsen, sondern aus **Mißbräuchen** und einer höchst **ungeschickten** Administration.

Die Pfründnerstiftung — ein Adliger, Hans Kiesling, der schon vor 1371 gestorben sein muß (Hahn=Mühlich p. 52), wird als Stifter genannt — wurde mehr als einmal in städtischen Finanznöthen ohne Wiederersatz angegriffen; Schulden aus dem 30jährigen Kriege wurden davon bezahlt, Römermonate und unverzinsliche Anlehen daraus entnommen. Die Acten darüber fanden sich theilweise noch 1802 vor. Die früheren, namentlich alle historischen Documente haben im Markgrafenkrieg 1554 ihren Untergang gefunden. Da sich demnach die Willensmeinung des Stifters nicht diplomatisch nachweisen

---

*) Nach neuster Angabe 370 Tagw. 16 Dec., in 8 Districte getheilt, der größte in der Richtung nach Schwebheim, der zweite und dritte auf Gochsheimer Markung, alle drei auf magerm Sandboden stockend, nur für Nadelwald geeignet, auf den fünf anderen, zum Deutschhof gehörigen Vorhölzern des Staatswaldbdistricts Hain, stocken vorzügliche Bestände. Umtrieb jetzt 36 Jahre. Materialerzeugniß 100 Klafter Holz und 10000 Stück Wellen; das Brennholz wird im Spital verbraucht, das Stammholz versteigert. Reinertrag nach Abzug der Kulturkosten, Hauerlöhne und der Beaufsichtigungskosten 1100—1200 fl.; wird sich in der Folge bedeutend erhöhen.

ließ, so belegte man das Pfründnerhaus mit allerlei dem ursprünglichen Zwecke fremden Lasten. Es lieferte die Azung ins Waisenhaus oder Siechhaus; der Rathsapotheker sammt seinem Personale wurden daraus gespeist, ferner der Spitalverwalter und ihre Familien, der Spitalkeller, der Gegenschreiber, und eine große Zahl von Dienstboten. Dabei kamen in den Jahresrechnungen bedeutende Conti für Kaffee und Zucker vor, für die sich im Küchenzettel der Pfründner gar kein Rubrum fand. Für die etlichen Sitzungen einer Deputation zur Rechnungsabhör sind 60 fl. eingesetzt; an Fastnacht, beim Getreidesturz und bei der Bebbesatzung werden aus der Stiftungscasse Rathspräsente ertheilt und bei allen solchen Gelegenheiten werden aus derselben Casse besondere Mahlzeiten gegeben. Für einen Platz im Spital selbst, reiche Pfründe genannt, mußte eine Einkaufssumme erlegt werden, und die Zahl der reichen Pfründner, für die also eigentlich die ganze ursprüngliche Stiftung berechnet war, betrug 1802 in Summe drei! Dazu hatte noch der Kaiser einen (wiener) Pfründner zu präsentiren, der mit 18 fl. fr. abgefunden wurde.

Neben den erwähnten Mißbräuchen war ein Hauptgebrechen der Stiftung die Administrationsweise. Mit 22 Dienstboten besorgte der Spitalverwalter die Landökonomie des Deutschhofs, auf welch letzterem sich noch ein Oberknecht mit besonderen Dienstboten befand. Der Spitalverwalter bestritt Pflug, Saat und Ernte auf nahe 900 Morgen Feld, hält dazu 6 Pferde und zahlreiches Hornvieh. Die Ernte betrug 1801 und 1802 zusammen nahe 1000 Malter. Mit 320 Schafen behütete das Spital einen weiten Hutdistrikt und die Träger des Spitalamtes aus dem Rathe, der Spitalverwalter, der Schäfer durften selbst noch Schafe dazu geben, die letzterer auf der Weide und im Stalle so gut versorgte, daß nie eines davon fiel; Verluste bei Schafkrankheiten trafen immer nur die eigentliche Spitalheerde. Schon 1788 hat eine Rathsdeputation gefunden, daß die Schäferei in den letzten 7 Jahren statt eines Gewinnes 1028 fl. Verlust ergab; doch bliebs beim Alten. Nimmt man nun den oben genannten Fruchtertrag zu einem Werth von 10000 fl. an und rechnet davon ab Samkorn, Viehfutter, Gefahr bei Viehseuchen, Auslagen für Dienstboten und

Taglöhner, Emolumente des Verwalters, des Spitalkellers, des Gegenschreibers, der Amtsträger aus dem Rathe, so erklärt sich, daß auf die eigentlichen Pfründner ein kaum nennbarer Theil der Spitalrente traf; Molitor zählt 61 parasitische Bewohner der hiesigen Spitalgebäude und drei Pfründner.

b) Waisen- und Siechhaus.

Die Carmelitermönche hatten 1542 ihr Conventsgebäude an der nordöstlichen Seite des jetzigen Gottesackers verlassen und waren nach Würzburg gezogen, der letzte Restmann „verscherzte" zuletzt das ganze Kloster und die Gefälle, indem er sich verheirathete und 1543 evangelischer Pfarrer in Zell wurde. Zwar machte Würzburg seine Ansprüche wiederholt geltend. Ein kaiserlicher Hofcommissär erschien 1550, die Sache zu untersuchen und zu vergleichen, allein die Verhandlungen waren zu Ende, als im Markgrafenkrieg alle streitigen Conventsgebäude in Flammen aufgingen. Am 17. Jan. 1560 cedirte der Orden gegen eine mäßige Baarentschädigung die Klosterruinen und die dazu gehörigen Grundstücke und Rechte an die Stadt, und Bischof Friedrich von Würzburg, mürbe durch die Grumbach-Brückischen Händel, approbirte die Cession. Die Bautrümmer verwendete nun der Rath theils zum Aufbau des Rathhauses, theils zu dem noch auf der alten Klosterstelle stehenden Waisen- und Siechhaus, welches nun in genaue Verbindung gebracht wurde mit dem Spital. Der Carmeliterconvent muß bedeutendes Vermögen besessen haben, das nun an die Stadtgemeinde überging. Wenigstens wurden daraus noch in der Mitte des vorigen Jahrh. 4757 fl. fr. entlehnt, und 1800 wieder 11588 fl. fr. und 1802 schwebte ein Zinsrest von 30000 fl. So Molitor, während um dieselbe Zeit der Rath über ein Waisenhausvermögen von 2680 fl. berichtet, dessen Zinsen zu Bekleidung der Waisen verwendet werde und über ein Siechamtscapital von 48203 fl. fr. Es wohnten nämlich 1802 im Waisenhaus 2 sogenannte „arme Pfründner", verkommene Bürger, die das Capital zum Einkauf in eine „reiche Pfründe" nicht voll besaßen und mehrere ganz arme Mannspersonen und „Weiberleute", die gar nichts einlegen konnten und „Waisen" hießen, ferner 15 wirklich verwaiste Knaben und 18 Mädchen. An alle diese reichte das Spital seit unvordenklicher Zeit die Naturalkost, ärmlicher natürlich, als an die reichen Pfründner. An dieser participirten auch Weibsper= sonen, die zur Strafe wegen verdächtigen Lebenswandels zeit= weise in's Waisenhaus gebracht und öfters an „ein Bloch" (einen Block) angeschlossen werden. Ein Waisenvater, dessen Thätigkeit und Hauszucht von Molitor gelobt wird, beaufsich= tigte das Ganze, hielt für die Waisenkinder täglich besondere Schule; den Religionsunterricht ertheilte zuletzt der Schulcollege Candidat Voit. Außer den Schulstunden waren Kinder, ar= beitsfähige Pfründner, Sträflinge und Personen, die sich im Winter zur Holzersparniß ins Waisenhaus flüchteten, alle in einem geräumigen Zimmer beschäftigt mit Wollspinnerei. Ein bestimmtes Pensum mußte hier von Allen abgearbeitet werden. Der Ueberverdienst wurde den Kindern gespart und deren Cu= ratoren übergeben, wenn sie nach der Confirmation in eine Lehre oder in einen Dienst traten. Die Kinder schliefen je zwei in ganz schlechten Betten in finstern Kammern und alle ohne Ausnahme hatten ein schlechtes verkommenes Aussehen, das Haus selber war unreinlich und ruinos. Der Stadtphy= sicus war zum Besuch der Kranken verpflichtet und die Arz= neien wurden aus Siechhausmitteln bezahlt.

Die mannigfachen Gebrechen bei den Anstalten, des Spitals sowohl, wie des Waisenhauses, mußten dem frem= den Hofcommissär in die Augen fallen, der denn auch mit Verbesserungsvorschlägen bei der Hand ist. Man verkaufe, sagt er, die Spitalgebäude, die Baiern gerne gegen Baar= summe übernimmt; man hebe die ganze Spitalverwaltung auf und bringe die Pfründner und einen Hausmeister im Ebracher Hof unter, den der Staat gegen Abrechnung vom Spitalkauf= schilling der Stadt überlassen kann. In diesem Klosterhofe fänden auch zwei Pächter der an der Stadt gelegenen spitäli= schen Grundstücke Raum für Wohnung und Oeconomie; denn nach vernünftigen Finanzgrundsätzen müssen diese sowohl als der Deutschhof verpachtet werden. Letzteres Gut reicht für drei bäuerliche Pächterfamilien. Die Waisenkinder sind bei Familien in Kost zu geben. Der Spitalverwalter und sein

Schreiber, ältere Leute, erhalten eine lebenslängliche Pension, etwa 200—300 fl. Auch die Amtsträger aus dem Rathe mögen ihr salarium annuum behalten; die Mißbräuche fallen ohne Ersatz weg. Die Naturalkost für den Apotheker muß aus den Renten der Apotheke bestritten werden, wie auch anderorts der Apotheker ohne Spitalsuppen leben muß. Der Pacht von fünf Oeconomen muß die Erhaltung der Pfründner und der Kinder reichlich decken.

Die Spitalgebäude sind seitdem wirklich längst theils zu kirchlichen Zwecken abgegeben, theils an den Staat abgetreten, der davon selbst wieder verkaufte. Die städtische Bewirthschaftung der Güter ist seit 1809 aufgegeben, der Deutschhof ist verpachtet, in der letzten Zeit gegen ein Pachtgebot von 4500 fl.*). Schon königl. Verordnungen (29. Dec. 1806; 2. Febr. 1808) ermächtigten die damalige Stiftungsadministration, die zwei Pfründen, das Waisenhaus, die Kasten- und Lazaretheinnahmen (§ 54), die reiche Schüssel (s. unten c.), und die Ueberschüsse der Oberpfarreistiftungen (s. b.) zu leichterer Uebersicht und besserer Verwendung zu vereinigen. Als man daher 1837 mit der Obercuratelbehörde den beschlossenen Neubau eines Spitals zu reguliren hatte, erhielten Regierungsgenehmigung die Grundsätze: a) Bei ebenerwähnter Vereinigung soll es sein Verbleiben haben. b) Die Ueberschüsse aller oben erwähnten Stiftungen sollen in den allgemeinen städtischen Wohlthätigkeitsfond fließen, obwohl eine stiftungsmäßige Berechtigung sich nicht nachweisen läßt. c) In dem Neubau sollen nicht blos Pfründner und erkrankte Bürgersleute, sondern gegen Einlagen auch fremde Commis, Lehrlinge und Dienstboten, oder wer sonst hier gegen vollen Ersatz der Kosten Hülfe bedarf (erkrankte Arrestanten, verunglückte Reisende u. dgl.), Aufnahme finden. d) Die Waisenkinder sollen gegen Kostgeld Privaten in Pflege gegeben werden. — Der Regierungsantrag, daß das städtische Spital zu einem Districtsspital erweitert werde,

---

*) Einschließlich 1150 fl. für Verzinsung und Tilgung der für Neubauten gemachten Schulden gehen an diesem Betrag noch für Steuern, Grundzinse, Unterhaltung u. s. w. ab circa 1750 fl., so daß ein Nettoertrag von 2750 fl. bleibt.

wurde von der Commune zurückgewiesen. — Mit einem Aufwand von 66000 fl. wurde 1846 der Bau sammt seiner inneren Einrichtung vollendet. Er ist jetzt vorwiegend Krankenhaus, doch haben auch über 40 Pfründner beiderlei Geschlechts darin Wohnung und Verpflegung. Zur Tilgung der Bauschuld werden aus den Stiftungsrenten jährlich 2500 fl. verwendet, so daß nach dem Tilgungsplan (d. d. 3. Oct. 1844) in 54 Jahren Capital sammt Zinsen abgetragen wird.

Das gesammte rentirende und nicht rentirende
Spitalvermögen beträgt jetzt 337483 fl.
Schulden für Spitalbau und nothwendige
Deutschhofbauten 76676 fl.
Bleibt ein reiner Vermögensstand von 260807 fl.
Ordentliche Reineinnahme 18229 fl.
Ordentliche Ausgabe (darunter wenigstens 9700 fl.
für Kranken- und Pfründnerpflege) 17929 fl.

Die Waisenkinder waren lange in oben vorgezeichneter Weise untergebracht. Da jedoch nur Familien aus den untersten Ständen sich hergaben zur Erziehung solcher Kinder gegen jährliches Kostgeld von 25 fl., so mußten letztere ihre Auffütterung noch durch allerlei kleine Dienste, sogar durch Betteln verdienen', ohne Rücksicht auf die Schulpflicht. Endlich 1852 rief besonders der wahrhaft Edle Dr. von Jan, k. Gymnasialprofessor und Mitglied der k. Academie d. W., durch unermüdliche Thätigkeit, die selbst hier anfangs Widerwilligkeit zu überwinden hatte, durch eigne Opfer und durch Beiziehung reicher auswärts wohnender verwandter Schweinfurter eine „Rettungsanstalt für verwahrloste Kinder" ins Leben, anfangs in einem Miethslocal, seit 24. Juni 1864 im eigenen neuerbauten Hause „Marienthal", wo jetzt etwa 40 Kinder Wohnung, Kost und gewissenhafte Erziehung und Schulunterricht unter einem trefflichen Hausvater genießen. Seitdem hat sich auch hier wohlthätige Theilnahme der Anstalt in reichen Gaben zugewendet; die Stadt contribuirt ihre Kinderverpflegungsgelder und einen dankenswerthen Beitrag leistet die k. Kreisregierung.

c) **Die reiche Schüssel.**

Ein Mitglied des Achterstandes wurde bei der jährlichen Aemterverteilung beauftragt an sieben alte Wittwen alle 14 Tage je 1 Viertel (s. §7) Erbsen, 1 Pfd. Butter, 3 Wecken und 2 Schillinge zu vertheilen. Den Betrag erhob er aus der Stiftung „reiche Schüssel" genannt; er besorgte den Einkauf und hatte selbst den Genuß einer solchen Pfründe bis in's Jahr 1791, wo dieser „schändliche Mißbrauch" aufgehoben wurde. Doch gaben später noch auch die Einkaufspreise manches zu bedenken. Herr Senator Bonzeltius machte 1800 offene Vorstellung über eigennützige Verwendung und willkürliche Vertheilung der Stiftung, wurde aber ohne weitere Untersuchung ab- und zur Ruhe verwiesen. Erst 1802 wurde das Naturalalmosen aufgehoben und der Stiftungsertrag reichte hin, an 12 Wittwen je 12 fl. fr. jährlich zu zahlen; jetzt ist er mit dem allgemeinen Wohlthätigkeitsfond vereint. Letzterer vertheilt in zwanzigjährigem Durchschnitt an wöchentlichen Almosen (2300), an Hausmiethen (1200), an Medicamenten (850), an Stiftungsgeldern (220), an Brod (800), an Holz (1270), an Kleidung, Unterricht und Verpflegung für arme Kinder (1543) eine Durchschnittssumme von 7683 fl. Deckungsmittel: Hundevisitationsgelder (360), Anfäßigmachungen (22), Jagdkartentaxen (135), diverse Licenzen und Polizeistrafen (180), Zuschüsse aus der Stadtkämmerei und besonders die Ueberschüsse der Spitalstiftung.

d) **Pfarrwittwencasse.**

Der Protoscholarch G. Christoph Stör legte 1735 den Grund zu derselben durch eine Stiftung von 50 fl. fr., durch nun eingeführte Einlagen der Geistlichen und weitere Geschenke oder Vermächtnisse nahm das Stiftungsvermögen so zu, daß es 1802 bereits 2400 fl. betrug, doch hatten an den Zinsabwurf nur die Wittwen der 4 Pfarrer an der Johanniskirche Anspruch und erst in den letzten Jahren des 18. Jahrhunderts wurden 50 fl. gestiftet als Grundstock zu einem Vidualärar für St. Salvator.

Das Capital der Hauptstiftung war 1834 auf 5544 fl. angewachsen und beträgt jetzt (1862) 10647 fl. Es wird ohne obervormundschaftliche Einmischung vom 1. Pfarrer zu St. Johannis verwaltet, und seit 1853 ist die St. Salvatorstiftung und die St. Johannisstiftung in der Weise vereint, daß die Wittwe eines Pf. zu St. Salvotor gleichheitlich als Wittwe des 4. Pfarrers participirt. Ist Eine Wittwe vorhanden, so erhält sie ein Drittel des Zinsertrags und zwei Drittel werden abmassirt, sind mehrere Wittwen da, so wird ein Drittel abmassirt und zwei Drittel werden vertheilt. Jeder neu hier eintretende Geistliche zahlt eine Einlage von 18 fl. ohne Anspruch auf Rückersatz beim Ausscheiden aus der hiesigen Pfarrgeistlichkeit.

c) Almosenstiftung.

Mehrere Personen haben zu verschiedener Zeit größere oder kleinere Capitalien deponirt, wovon die Zinsen theils vom Pflegschaftsrathe, theils von Verwandten des Stifters, theils vom ersten Pfarrer in kleinen Raten wöchentlich oder monatlich an Arme vertheilt werden. Der Oberpfarrer vertheilte 1861 a) 125 fl. Stipendien an 5 Nutznießer, b) 97 fl. für Unterrichtszwecke und c) 1363 fl. 2¾ kr. für Wohlthätigkeitszwecke, lauter kleine Portionen aus vielen einzelnen Privatstiftungen. Die Capitalsumme all dieser Stiftungen betrug 1802 8225 fl. fr. Eine Zusammenstellung der jährlich vertheilten zwischen 2 fl. und 42 fl. sich bewegenden Beträge läßt 1860 auf einen Capitalstock von wenigstens 15000 fl. schließen. Auch mit Schulbüchern können 30—40 Kinder aus solchen Fonds versehen werden.

Anmerk. Ueber die später angefallene Schramm'sche Stiftung s. Note zu § 51.

§ 56. Molitor's Gutachten.

Für den kurbaierischen Civilcommissär kam hauptsächlich die Annexionsform der fränkischen Reichsstadt an Baiern, die fügsamen, wie die widerstrebenden Elemente der letzteren, in Betracht; erstere mußten benützt, letztere wenn nicht gebrochen, doch gebogen werden. Molitor war, obschon Franke, doch durchaus baierischer Beamter, der seiner Dienstpflicht gemaß vorwiegend baierisches Interesse dabei im Auge hatte. Von diesem Standpunkte aus sind auch seine reformatorischen Vorschläge zu beurtheilen. Dabei weiß er mit dem Vortheil des Gesammtstaats das recht verstandene Interesse der jetzigen Provincialstadt meist wohl zu vereinigen. Nur seine Bemerkungen über Kirchensachen und Schulwesen, über Verwendung der reichsstädtischen Beamten bei einer vorgeschlagenen Organisation, ferner über die Territorialschuld lassen Sachkenntniß und Billigkeit vermissen. Seine sonstigen finanzwirthschaftlichen Vorschläge haben indeß meistens früher oder später praktisch sich bewährt. Ueber seinen Mangel an Befähigung zum Urtheil über höheres Schulwesen ist oben (§ 52 p. 87) schon gesprochen, sein Gutachten über die öffentliche Bibliothek ist banausisch (§ 53), ja vandalisch *). Die Bedeutung des Predigtamtes schlägt er zu gering an, wenn er drei Geistliche für beide Kirchen für ausreichend hält und zwei Stellen eingehen lassen will; wohl aber dürfte er nicht blos für jene Zeit in seinem Rechte sein, wenn er in Ehescheidungsstreitigkeiten den Geistlichen nicht genug Rechtskenntniß zutraut, um die dabei zur Sprache kommenden schwierigen Fragen über Vermögenstheilung zu entscheiden, dürfte ferner noch immer im Rechte sein, wenn er die Ehescheidung auf angemessene Art erschwert wissen will. Ein großer Theil seiner cameralistischen Verbesserungsvorschläge ist bei den einzelnen Aemtern erwähnt. Die Forstcultur ist längst zeitgemäß reformirt. Das Weiderecht der Bauern in den jungen Schlägen hat aufgehört. Die freie Jagd, „für den Gewerbsmann sicherlich vom Uebel," ist aufgehoben. Ein technisch gebildeter Revierförster mit 4 Waldaufsehern leitet die Forstcultur; die Jagd ist in mehrere Bogen verpachtet und trägt nach Abzug der Hinauszahlungen 164 fl. Die Apotheke ist nicht verpachtet, sondern

---

*) Doch nicht vereinzelt! „Das Bücherkaufen ist bei Gymnasialpro-
„fessoren Liebhaberei, ja Luxus! Meine Professoren in * hatten
„keine Rechnung beim Buchhändler, besaßen nur ihre Claßbücher,
„Grammatiken und Lexika und man hat Tüchtiges bei ihnen ge-
„lernt." So ein sehr geachtetes Mitglied eines Justizcollegiums.
So findet auch Edels Urtheil in der Kammer (1861) über den
Lehrstand seine Erklärung, wenn auch nicht Rechtfertigung.

(§ 36 z. f.) verkauft, eben so die Ziegelei. Die von Molitor gerügten (§ 29) Ungebührlichkeiten bei Erhebung des Floß=zolles erbten sich noch länger als ein halbes Jahrhundert fort; erst 1860 erreichten sie durch strafrechtliches Einschreiten der Staatsanwaltschaft ein Ende mit Schrecken. Der Menge klei=ner überflüssiger Aemtchen mit ihren Schlämpchen machte na=türlich die Einsetzung baierischer Municipalverfassung ein Ende. Für letztere schlägt M. zunächst vor eine Trennung der Ju=stizpflege vom Magistrat. Erstere muß einem landesherrlichen Beamten, wo möglich einem fränkischen in Würzb. Gesetzen und Gewohnheiten wohl unterrichteten und entschlossenen Mann übergeben werden, „da unter den gegenwärtigen Rathsglie=„dern keiner sich eignet. Die Consuln und Stadträi sind zu „alt und haben durch Nichtsthun ihre wenigen Rechtskennt=„nisse vergessen. Consulent Merck ist ein viel erfahrener, grund=„rechtschaffener Mann, aber ein hoher Siebenziger. Consu=„lent Stepf ist ein fähiger, juristisch gebildeter Mann, aber „nach übereinstimmenden eingezogenen Nachrichten besitzt er „nicht das Vertrauen des Publicums. Er könnte außerhalb „Schweinfurt im landesherrlichen Dienste verwendet werden*). „Berücksichtigung verdient noch der Senator Sixt, ein Mann „von scharfer Beurtheilungsgabe; doch müßten seine positiven „Kenntnisse noch einer strengen Prüfung unterworfen wer=„den**). Der alte Merck und Sixt könnten dann mit den „landesherrlichen Beamten einen Justizsenat bilden. Als Ak=„tuar würde ich dazu den bisherigen Secretär Merck***) vor=„schlagen, einen sehr geschickten, arbeitsamen, jungen Mann. „Dem bisherigen Magistrate würde die Gewerbspolizei und „die Administration des übrigbleibenden Stadtärars und die „niedere Sicherheitspolizei noch als moralische Existenzform „verbleiben." Die Personalvorschläge Molitors fanden höhe=

---

*) Später Appellationsrath in Bamberg.
**) Sixt wurde 2 Jahre darauf erster Rath des hiesigen Stadt=gerichts.
***) Wurde noch rechtzeitig vom Rath mit dem Titel Syndicus bedacht (§ 13), kam dann als Rath ans großherzogl. Hofgericht nach Würzburg und ging später als designirter bayerischer Oberappel=lationsrath. in Ruhestand.

ren Orts keine Berücksichtigung, noch weniger sein weiterer Vorschlag, daß der Justizbeamte auch zugleich landesherrlicher Rentmeister sein könnte, wenn ihm 2 befähigte Glieder des bisherigen Raths als Rechnungsführer beigegeben würden.

Erst 1803 trat die baierische Organisation ins Leben. Der städtische „Verwaltungsrath" behielt, was ihm Molitor zugedacht. Stadtoberrichter wurde der bambergische Vizthum Baron v. Gebsattel († 1837), dem 2 Räthe, Sixt und Dr. Segnitz zur Seite standen. Das Organ der landesherrlichen Regierung für Administration wurde Dr. Leonhard Holler mit dem Titel eines Stadtcommissärs (§ 51).

Die schwierigste, jetzt nach fast 60 Jahren noch nicht gelöste Frage bewegte sich um Ausscheidung der Renten, die dem Staat und die der Stadtgemeinde zufallen sollten. Landeshoheitsrechte und solche Besitzungen und Renten, die Schweinfurt als moralischer Souverain erworben, sollten natürlich landesherrlich werden, was aber der städtischen Gemeindeverbindung gehört hatte, sollte dieser verbleiben. Unbestreitbare Regalien sind die Steuer, der Zoll, das Salz-, Bretter- und Apothekermonopol (da Monopolien nur durch Landeshoheit erworben werden), die von Bürgern statt persönlicher Dienste bei der Stadtsoldatesca geleisteten Reluitionsgelder (da nur der Landesherr Militär hält), „die aber bedeutend ermäßigt werden müssen, da es wahrhaft unbegreiflich erscheint, wie in Kriegszeiten für ein so winziges Contingent 10000 fl. fr. verlangt werden konnten. Auch den Fleischaccis und die Daz hält Molitor für Regale. Das Schutzgeld der Schutzverwandten und Beisassen eben so, da sie nicht zur bürgerlichen Gemeinde gehören, sondern landesherrlichen Schutz genießen. Die bedenklichsten Zweifel erregt die Mühle und der Forst einerseits und die Territorialschuld andrerseits. Es ist unmöglich nachzuweisen, mit welchen Mitteln der Wald erworben, die Mühle gebaut wurde. Landesherrliche Gefälle, die in die Obereinnahme flossen, wurden jedenfalls auch dazu verwendet; ganz kann also die Landeshoheit mit ihren Ansprüchen nicht zurückgewiesen werden. Hier ist eine Ausgleichung zu versuchen. Aehnliches gilt von der Stadtschuld. Sie ist (größtentheils) durch den Krieg entstanden und manche

Rechtslehrer wollen solche Schulden dem Gesammtstaat zur Last schreiben, da auch der Krieg selbst nicht Sache der Einzelgemeinden, sondern des Gesammtstaats sei. Molitor hält diese Theorie für praktisch unausführbar und rubricirt solche Kriegsschulden unter die Localschäden, die eben auch local getragen werden müßten."

Die beiderseitigen Interessen vermittelnd schlägt er nun vor: „Die Stadt behält die bisherigen Regalien außer der „Steuer und dem Zoll, ferner die (baufällige) Mühle und die „Gesammtschuld; der Staat nimmt dagegen den Forst, der „bisher der Stadtgemeinde ohne allen Nutzen war und nur „gewachsen zu sein schien, um die kalten Väter der Stadt zu „wärmen, der aber nach forstöconomischen Regeln behandelt „unter angemessener Beschränkung der Hutrechte eine reiche „Einnahmsquelle für den Landesherrn werden kann." Sah wohl Molitor, daß er diesem dadurch den Löwenantheil zuweist? Die Mittel, die er der Stadt zur Zahlung ihrer Schulden angibt, würden nicht gereicht haben zur Bezahlung der Hälfte der Zinsen. Fast komisch klingt es, wenn er dabei auch vorschlägt: Jeder künftig zu installirende Pfarrer muß um mäßige Taxe sein Pfarrhaus kaufen und bei dessen Ableben erhalten seine Erben vom Nachfolger den Betrag einer neuen Taxe!

Wirkliche Beschlüsse erfolgten auf diese Vorschläge zunächst nicht, doch fiel der Gemeinde nach einiger Zeit wenigstens ein Alp von der Brust, die Furcht vor Incamerirung der Waldungen. Als nämlich 1810 die Stadt im Preßburger Frieden Würzburgisch wurde, verzichtete der Großherzog auf ihren Besitz und später machte auch Baiern keinen Anspruch mehr auf dieselben. Die Schuldenfrage ist wie oben gesagt noch jetzt (1862) nicht endgiltig entschieden.

<small>Anmerk. Im J. 1796 liquidirte die Stadt beim Reichstag in Regensburg in Folge der französischen Occupation eine Summe von 445644 fl. ohne die Personallasten und Feldschäden. Natürlich vergebens. Als Molitor schrieb (§ 22 a. E.) betrug die Stadtschuld noch 318468 fl. mit 15000 fl. zu verzinsen. (Andere Angabe 314688 fl.). Durch Zuschüsse vom Staate und aus der Gemeindecasse, durch Verkauf von Realitäten war 1822 diese Schuld abgetragen bis zu einem Rest von 192233 fl. Seit dieser Zeit schwebt zwischen der Stadtgemeinde und dem k. Fiscus ein</small>

Rechtsstreit über die Ausscheidung und Uebernahme der Gesammtschuld, der in neuerer Zeit zu Vergleichsverhandlungen geführt
hat, die ein nahes Ende des Rechtsstreites erwarten lassen. Während des Provisoriums zahlte der Staat den Zinsbetrag mit jährlich 7561 fl. 5½ kr.

§ 57. Schluß.

So war Schweinfurt zu Ende der Reichsfreiheit. Seine
Verfassung anerkannt unhaltbar seit Jahrzehnten, außer Acht
gelassen, wo mans für gut fand, seine Väter lächerlich gering
besoldet, darum ihr Aemtlein fleißig melkend, oft mit naiver
Offenheit, Mißbräuche durch Gewohnheit geheiligt, Freiheiten,
Rechte, Privilegien in Menge, aber wenig Freiheit, Gerechtigkeit, Gleichheit. So wenig als das heilige römische Reich
heilig oder römisch war, so wenig war die freie Reichsstadt
frei oder reich. Die Stadtschuld war ungeheuer gewachsen
unter dem Kriegesdruck, die Mittel zur Tilgung noch nicht
erschlossen. Wie der Reichskörper im Ganzen, so war auch
das Stadtwesen cadaverös geworden. Aber es steckte in letzterem ein neuer Lebenskeim, der nach Luft und Licht empor-
strebte. So wie der „beschränkte Unterthanenverstand," so
war die jetzt oft vermißte altbürgerliche Einfachheit hier noch
eine Wahrheit. Nicht spielend sollte schon der Knabe lernen,
sondern sudando, algendo; nicht im Rollwagen wurde er zu
den Wissenschaften geführt; der strenge Lehrer hieß noch nicht
grober Pedant. Im Hause war der Sohn, die Tochter noch
nicht mit den Aeltern durch das trauliche Du in eine liebevolle
Gleichheit gesetzt; der Respekt war vorherrschend. Die latei-
nische Schule hatte auch für den Bürgersmann einen Werth
und mehr als Ein Handwerker las hier vor 70 Jahren noch
in Ruhestunden seinen Horaz nach Gottschling. Die Bibel
mußte man nicht erst bei zufällig sich ergebender Gelegenheit
aus der Dachkammer holen. Die sogenannt höheren Stände
waren allerdings angefressen von französischer Libertinage und
ältere Männer hiesiger Stadt geben gar manche unerfreuliche
Bilder des Familienlebens in Herrenhäusern jener Zeit, wovon freilich die Rathsprotocolle nichts schreiben. Aber es fehlte
auch die Kehrseite fast ganz, der proletarische Pauperismus
mit seiner gemeinen Unsittlichkeit. Zwischen beiden war viel-

mehr weitaus hier vorwiegend ein achtbarer Kleinbürgerstand, fleißig, gehorsam, häuslich, nicht wirthshäuslich, frommkirchlich; man machte den Geistlichen es möglich; nicht blos Prediger, sondern Seelsorger zu sein.

Unter solchen Umständen wurde die Gährung des Verfallens hier wie in den meisten andern Reichsstädten ein fruchtbares Verfallen und gesundes Leben regte sich, sobald die Wunden des 20jährigen Kriegs zu vernarben anfingen. Von Fremden freilich mußte der ehemalige Reichsbürger lernen, seine Hilfsmittel flüssig zu machen; die Monarchie erst brachte eine Verfassung, die Gleichheit vor dem Gesetz gewährleistet, eine Justiz, die kein Ansehen der Person kennt; der Monarchie erst, und namentlich der zähen Thätigkeit eines bayerischen Monarchen gelang es, die Wälle der Zollausschließlichkeit niederzureißen; auf Eisenstraßen erreicht der speculirende Handelsherr jetzt schneller die Ostsee, als vor 6 Jahrzehnten der Krämer die Bamberger Messe. Unter der bayerischen Monarchie erst wurde aus der Toleranz die Gleichberechtigung und Einzelversuche zur Störung dieses Verhältnisses (1843 f.) finden keinen Boden. Ist also auch die Reichsstadt als politischer Körper verschwunden, so ist doch daraus eine Stadt der Arbeit, des Gewerbes, der großen Industrie geworden, der die alten Mauern zu eng werden; sie hat jugendlichen Trieb größer zu werden und wächst vor unsern Augen. Weiterblickende fürchten allerdings für die Dauer der Ruhe unseres großen Vaterlandes; der glücklichen Pentacontaetie auch des 19. Jahrhunderts, meinen sie, werden Kriege folgen, nicht minder blutig, nicht minder folgenschwer als die in den nächst vorhergehenden zwei Decennien. Aber die wüsten Gestalten eines Eiring von Reinstein, eines Poppo von Henneberg, eines Albrecht von Brandenburg und wie diese Städteverwüster sonst heißen, sind neben fest gegründeter Civilisation eine Unmöglichkeit; auch schweren Zeiten, die immerhin kommen können, wird Bayern in Achtung gebietender Stellung entgegen gehen und Schweinfurt hat als Theil desselben ein Recht auf dessen weisen und mächtigen Schutz.

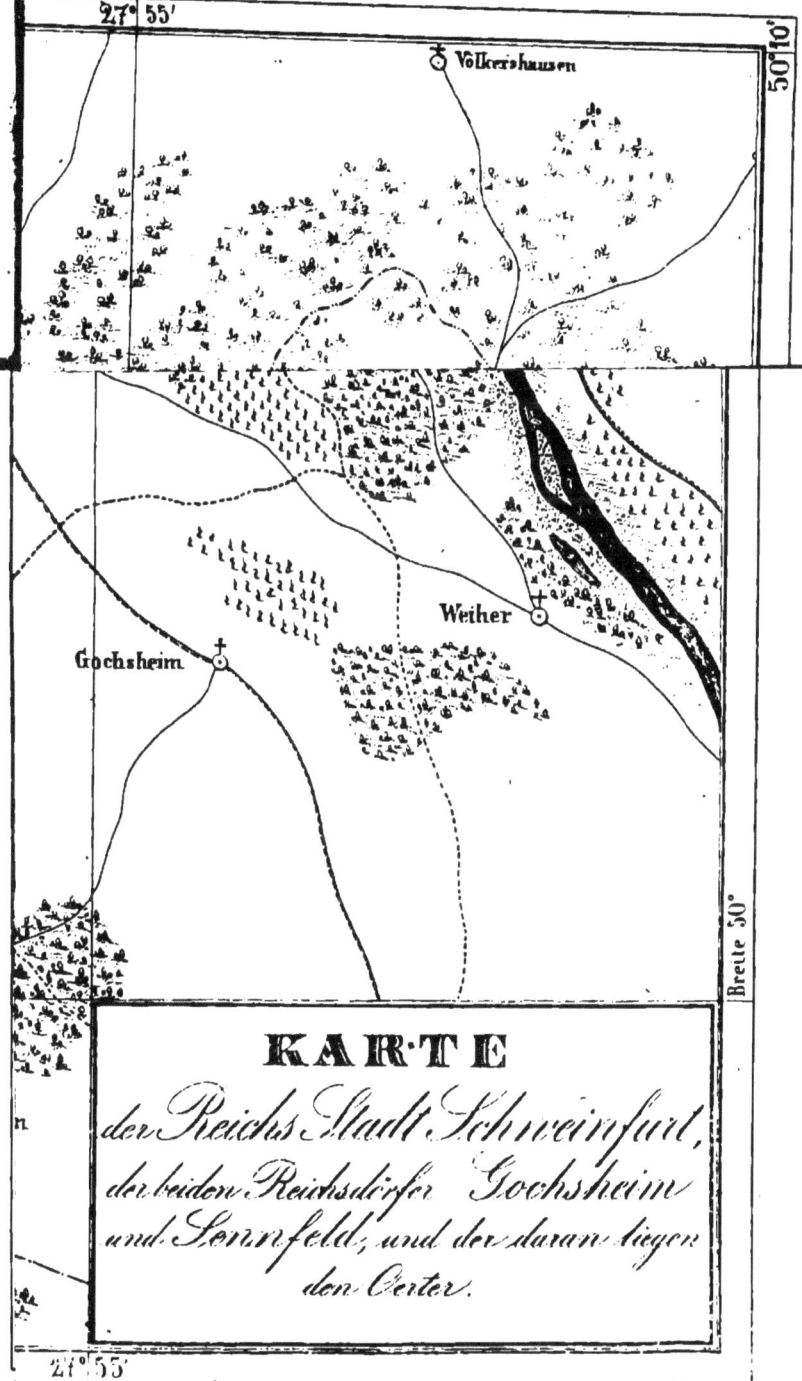